CYMERIAD

Leigh Davies'

CYMERIAD

Vol. 1

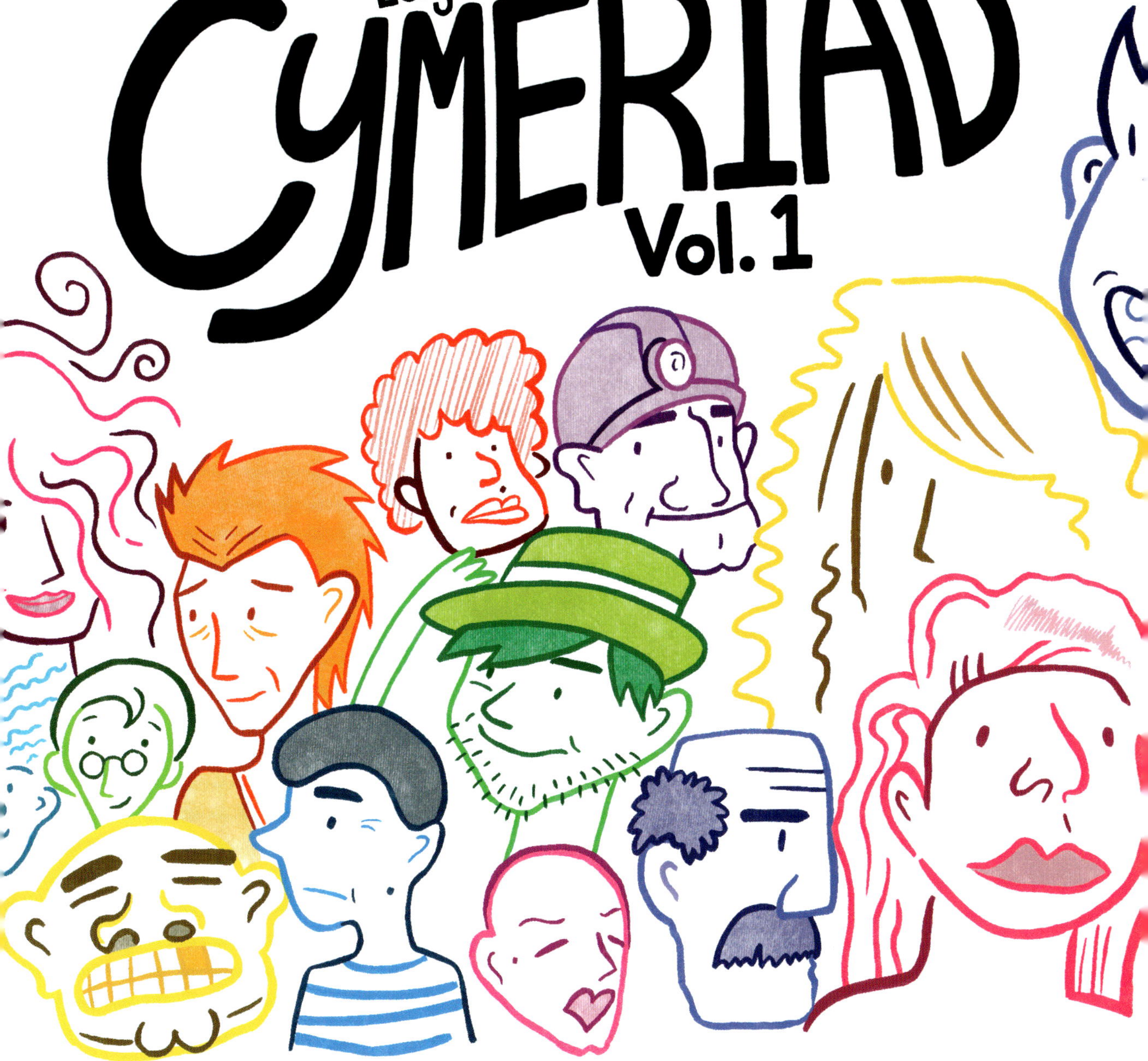

Audiovisual Portraits of the People of Wales

Portreadau Clyweledol o Bobl Cymru

Cymeriad Vol. 1 First Edition.
Published by Leigh Davies. Printed in 2024.

ISBN - [978-1-7385487-0-5]

Music soundtrack and portrait illustrations created by Leigh Davies.
www.leighdavies.com

This first volume of Cymeriad was made possible with funding from The Arts Council of Wales, Our Chartist Heritage, and support from Newport Mind (Mind in Gwent).

Welsh translation provided by Elen Robert.
www.idiom.cymru

Cyngor Celfyddydau Cymru
Arts Council of Wales

ARIENNIR GAN Y LOTERI
LOTTERY FUNDED

Noddir gan Lywodraeth Cymru
Sponsored by Welsh Government

mind Newport Casnewydd

idiom

To the brilliant Kate, excellent David, and incredible Miles
who connected me with more people than I could have ever imagined

and to my wonderful Ashlee - who, through all of her love and support
reconnected me with my sanity

...well, I say *"re"-connected*...

I'r arbennig Kate, yr ardderchog David, a'r anhygoel Miles
a helpodd fi i gysylltu â mwy o bobl nag y gallwn i fod wedi'u dychmygu

ac i f'annwyl Ashlee - a ddaeth â fi nôl i fy iawn bwyll drwy ei
chariad a'i chefnogaeth diddiwedd

...wel, dwi'n dweud dod â fi *nôl*...

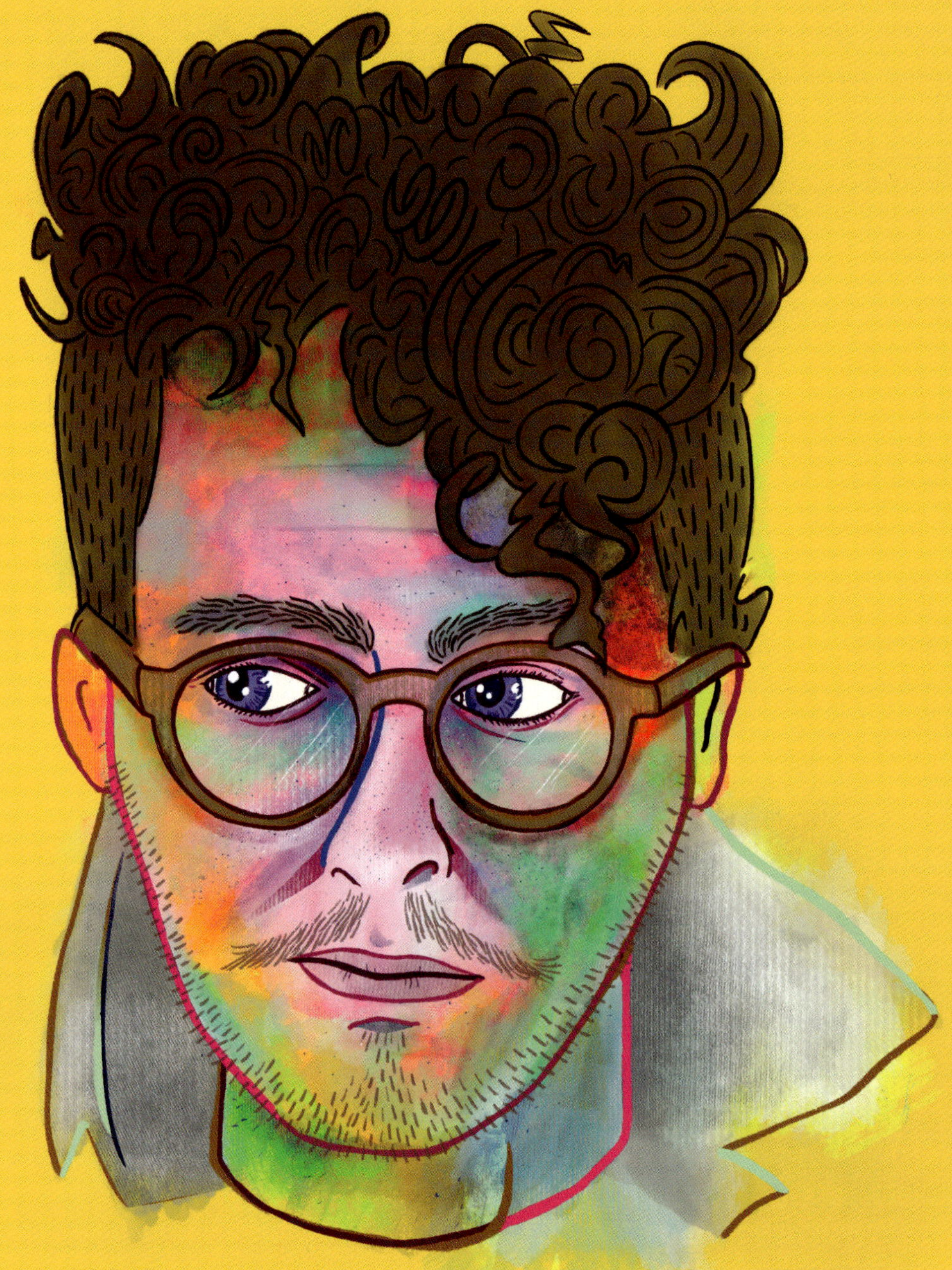

PREFACE BY LEIGH DAVIES

What lies ahead of you, in this first volume of Cymeriad, has forever changed me as a person.

In a post-pandemic era, where the value of human connection has never been more pronounced, Cymeriad began as a yearning for me to connect with people in a way I hadn't quite done so before. Now – 46 people and 46 stories later – I find myself in awe of the courage, vulnerability, and resilience of each of these incredible people and what they have decided to share with me. In a world that often hurries past the subtleties of individual narratives, Cymeriad stands as a testament to the power of stories – every memory, every aspiration, every smile, every tear – each a demonstration of the extraordinary within the ordinary.

As for myself, I haven't shared many of my own stories. I guess I've always been a story-listener as opposed to a story-teller.

...and I always sort of knew this about myself. When I was much younger I was very aware that I was introverted (I mean, the notion of it at least – the actual word came to me many years later). I was never a loner by any stretch. I had fantastic friends, and I was actively involved in all kinds of activities in social settings. I was just way more comfortable sitting in the corner, observing, reflecting, and making. As I entered my years as an undergrad student I found myself making much more of an effort not to rest on my introverted tendencies, but even then I didn't really value what I could share with other people, that is, if I shared anything at all. Regardless, I always enjoyed listening – after all – "interested, not interesting".

...and it was during those times that I finally came to understand that everyone has a story. Everyone.

Since those days, a good decade into my life as a creative producer, I've found myself recurrently inspired by many different creative projects that have done incredibly well to present, platform, and respond to people's stories. Most often, I saw this executed through street photography, other times I had experienced this through paintings, creative writing, theatre, and even dance – I, myself, have always wanted to explore the act of story-platforming through sound. And I'm not talking about the literal option here such as audio recordings of oral retellings and conversations. I'm talking about our more abstract but universally far-reaching language – the medium of music.

Don't get me wrong. I'm not saying this has *never* been done. Good gravy, could you imagine?! In fact – right now – if I listen very carefully I can hear the furious cries of a spirit-army of bards, troubadours, and more recently deceased folk musicians objecting to the very suggestion. However, what I will say is that music composition, for the purpose of enhancing stories, is often reserved for legends and heroes, the characters in movies or video games, or even Taylor Swift's boyfriends...

There's a status attached to it. So I asked myself – what about everyone else? What about their soundtrack? Much like when portraiture was no longer exclusive to the ruling upper classes, I wanted to consider the same for the musical soundtrack.

As a music producer I'm deeply fascinated with music's ability to speak to us, to strike a conversation with our emotions, and hold court with our thoughts – specifically – when lyrics or the human voice aren't at all a part of the equation. My amazement with this will never fade. I will forever remain in awe of how two interplaying melodies can depict a struggle, or how a slowing tempo can evoke the closing of a chapter; how the modulation of a modal scale can awaken feelings of hope, or loss, or anger, or joy, and how rhythms can etch the imagery of landscapes into our minds.

Every single creative act that has possessed me in my professional life has been driven by my unyielding passion for sound and music – and Cymeriad, with its multimodal approach to storytelling, is actually no different. It's because of music's innate ability to illustrate and to communicate that I found myself approaching this project in this way. And before I knew it, I was nervously jumping in alongside other story-platformers to explore a different way to present the stories of the people of Wales.

So, as you continue to turn these pages, let each piece of music become the canvas for all the incredible stories, anecdotes, ideas, thoughts, and feelings of the wonderful people that this first volume of Cymeriad is striving to champion. In this unique symphony of human experiences, the music isn't just an accompaniment; it is the heartbeat, the rhythm, and the soul of each portrait.

...and this feels really fitting to me because – much like the events in our stories – music is the other way, as humans, in which we decorate time.

Mae'r hyn sydd o'ch blaen, yn y gyfrol gyntaf hon o Cymeriad, wedi fy newid i fel person am byth.

Yn y byd wedi'r pandemig, ble mae gwerth cysylltiad â phobl yn fwy amlwg nag erioed, fe ddechreuodd Cymeriad fel angen dwfn ynof i i ddod i gyswllt â phobl mewn ffordd nad o'n i wir wedi'i wneud o'r blaen. Nawr – 46 o bobl a 46 o storïau yn ddiweddarach – rwy'n llawn edmygedd am y dewrder, y bregusrwydd a'r nerth sydd gan bob un o'r bobl arbennig hyn ac am yr hyn maen nhw wedi penderfynu ei rannu â mi. Mewn byd sy'n aml yn rhuthro heibio i fân berlau naratifau unigol, mae Cymeriad yn dyst i rym storïau – pob atgof, pob dyhead, pob gwên, pob deigryn – pob un yn datgelu'r anghyffredin o fewn y cyffredin.

O'm rhan i, dydw i ddim wedi rhannu llawer o fy hanesion fy hun. Mae'n debyg mai fel yna fues i erioed, yn un sy'n gwrando ar straeon ac nid yn eu hadrodd.

...ac ro'n i bob amser yn rhyw fath o wybod hyn amdanaf fy hun. Pan o'n i'n llawer ifancach ro'n i'n ymwybodol iawn fy mod yn un mewnblyg (hynny yw, roedd gen i'r teimlad hwnnw – fe ddysgais i'r gair ei hun yn llawer hwyrach). Do'n i byth yn un oedd yn cadw ata fi fy hun. Roedd gen i ffrindiau gwych, ac ro'n i'n cymryd rhan mewn pob math o weithgareddau cymdeithasol. Ond ro'n i'n llawer iawn mwy cyfforddus yn eistedd yn y gornel, yn gwylio, yn myfyrio, ac yn creu. Wrth i mi gychwyn fel myfyriwr israddedig, cefais fy hun yn gwneud llawer mwy o ymdrech i beidio â gorffwys ar fy nhueddiadau mewnblyg, ond hyd yn oed wedyn wnes i ddim gwerthfawrogi go iawn beth allwn i ei rannu â phobl eraill, hynny yw, os oeddwn i'n rhannu unrhyw beth o gwbl. Serch hynny, ro'n i bob amser yn mwynhau gwrando – wedi'r cyfan, "diddordeb, nid diddorol".

...ac yn ystod y cyfnodau hynny y des i i ddeall o'r diwedd bod gan bawb ei stori. Pawb.

Ers y dyddiau hynny, degawd dda ar ôl dechrau gweithio fel cynhyrchydd creadigol, rydw i wedi fy ysbrydoli dro ar ôl tro gan lawer o wahanol brosiectau creadigol sydd wedi gwneud yn arbennig o dda i gyflwyno, llwyfannu ac ymateb i storïau pobl. Yn amlach na pheidio, gwelais i hyn yn cael ei wneud mewn ffotograffiaeth stryd. Dro arall gwelais i hyn mewn paentiadau, ysgrifennu creadigol, theatr, a hyd yn oed dawns – fy hun, rwy o hyd wedi bod eisiau archwilio'r weithred o lwyfannu storïau drwy gyfrwng sain. Ac nid y dewis llythrennol dw i'n feddwl yma, fel recordiadau sain o adroddiadau llafar a sgyrsiau.

Dw i'n siarad am ein hiaith fwy haniaethol ond pellgyrhaeddol – cyfrwng cerddoriaeth.

Peidiwch â fy nghamddeall i. Dw i ddim yn dweud nad yw hyn erioed wedi'i wneud o'r blaen. Mawredd, dychmygwch! A bod yn onest – y funud hon – os gwrandawa i'n ofalus iawn, fe glywa i lef gynddeiriog byddin o eneidiau beirdd, clerwyr, a cherddorion gwerin mwy diweddar yn lleisio'u gwrthwynebiad i'r fath awgrym. Fodd bynnag, beth wnaf i ddweud ydy bod cyfansoddi cerddoriaeth, at ddibenion ychwanegu at storïau, yn aml yn cael ei gadw ar gyfer arwyr a mawrion, cymeriadau ffilm neu gemau fideo, neu hyd yn oed gariadon Taylor Swift...

Mae yna statws ynghlwm wrtho. Felly fe ofynnais i fi'n hun – beth am bawb arall? Beth am eu trac sain nhw? Yn debyg iawn i'r cyfnod pan ddechreuodd portreadau ledaenu y tu hwnt i'r dosbarth llywodraethol uwch, ro'n i am ystyried yr un peth ar gyfer y trac sain cerddorol.

Fel cynhyrchydd cerddoriaeth, rwy wedi fy nghyfareddu gan allu cerddoriaeth i siarad â ni, i gychwyn sgwrs gyda'n hemosiynau, ac i ymddiddan â'n meddyliau – yn benodol – pan nad oes geiriau neu lais yr un dyn byw yn y darlun. Wnaf i byth beidio â rhyfeddu wrth hyn. Fe fydda i am byth wedi fy nghyfareddu gan sut gall dwy alaw sy'n cyd-chwarae ddarlunio gwrthdaro, neu sut gall arafu'r tempo awgrymu diwedd pennod; sut gall trawsgyweirio danio teimladau o obaith, neu golled, neu ddicter, neu lawenydd, a sut gall rhythmau gerfio tirweddau yn ein meddyliau.

Mae pob un weithred greadigol sydd wedi fy meddiannu yn fy mywyd proffesiynol wedi'i symbylu gan fy angerdd di-ildio am sain a cherddoriaeth – ac mewn gwirionedd nid yw Cymeriad, gyda'i ddull amlgyfrwng o adrodd stori, yn ddim gwahanol. Oherwydd gallu cynhenid cerddoriaeth i ddarlunio a chyfathrebu y ces i fy hun yn cychwyn ar y prosiect hwn yn y ffordd hon. Ac mewn dim ro'n i'n ymuno'n nerfus ag eraill sy'n llwyfannu storïau i archwilio ffordd newydd o gyflwyno storïau pobl Cymru.

Felly, wrth i chi droi'r tudalennau hyn, gadewch i bob darn o gerddoriaeth fod yn gynfas i holl storïau, hanesion, syniadau, meddyliau, a theimladau anhygoel y bobl arbennig y mae'r gyfrol gyntaf hon o Cymeriad yn ceisio rhoi llais iddynt. Yn y symffoni unigryw hon o brofiadau dynol, nid dim ond cyfeiliant ydy'r gerddoriaeth; y mae'n guriad calon, yn rhythm ac yn enaid pob un portread.

...ac mae hyn yn teimlo'n briodol iawn i mi, oherwydd – yn debyg iawn i'r digwyddiadau yn ein storïau – cerddoriaeth yw'r ffordd arall rydyn ni, fel pobl, yn addurno amser.

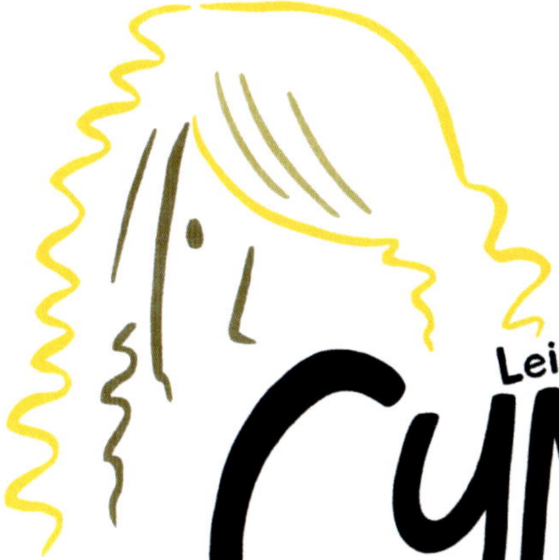

Leigh Davies'

CYMERIAD Vol. 1

To listen to each individual track for vol. 1 of Cymeriad, simply scan the QR code in the top right corner of each portrait story...

Er mwyn gwrando ar y traciau unigol ar gyfer cyfrol 1 o Cymeriad, sganiwch y cod QR yng nghornel dde uchaf pob stori-bortread...

... or you can access the entire soundtrack for vol. 1 by scanning this QR code here.

... neu gallwch wrando ar y trac sain cyfan ar gyfer cyfrol 1 drwy sganio'r cod QR hwn yma.

"cymeriad Vol. 1 soundtrack" by Leigh Davies available on all major music streaming platforms

Mae'r trac sain "Cymeriad Vol. 1 soundtrack" gan Leigh Davies ar gael ar bob un o'r prif lwyfannau ffrydio cerddoriaeth.

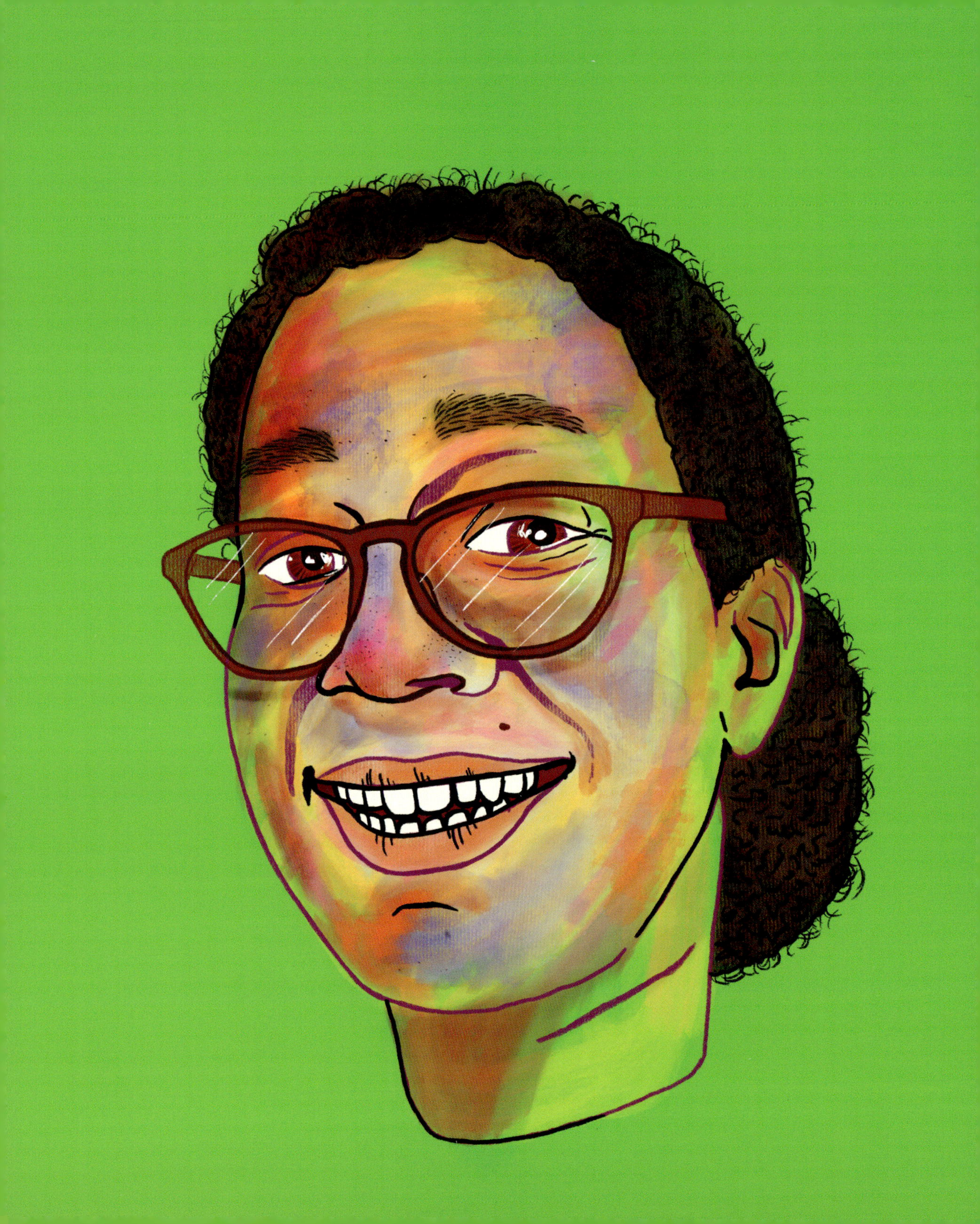

Nkiru, 41
Tomato Fancier | Tyfwr Tomatos

My proudest moment has to be the time I grew a tomato that weighed over a kilo - 1174 grams to be precise. I hand-pollinated the mega bloom, spoke lovingly to it while it grew, and checked on it multiple times a day. When I picked it I took it straight round to show my neighbour, much to the bemusement of his wife. I like to think that he was impressed, as I'd been gleaning traditional Italian gardening tips from him over the fence for years and really it was as much about impressing him as it was about the tomato's size.

Sadly my lovely neighbour is no longer with us. I've given up on growing giant tomatoes, but what I do grow every year is a tiny cherry tomato from seeds originally saved from some particularly sweet tomatoes that he had passed to me over the fence, along with a suggestion on how to improve my basil.

Y peth dwi fwya balch ohono, yn hawdd, yw pan nes i dyfu tomato oedd yn pwyso dros kilo - 1174 gram a bod yn fanwl gywir. Ro'n i wedi peillio'r blodyn anferth â llaw, wedi siarad yn gariadus gyda fe wrth iddo fe dyfu, ac wedi checio arno fe sawl gwaith y dydd. Pan gwnes i ei bigo fe, es i â fe'n syth draw i ddangos i fy nghymydog i. Roedd ei wraig e'n meddwl mod i'n ddigri. Baswn i'n hoffi meddwl fy mod i wedi gwneud argraff arno fe, achos ro'n i wedi bod yn cael tips garddio traddodiadol o'r Eidal ganddo fe dros y ffens ers blynyddoedd, ac mewn gwirionedd roedd e gymaint i wneud â chreu argraff arno fe ag oedd e am faint y tomato.

Yn anffodus dyw fy nghymydog hyfryd i ddim gyda ni nawr. Dwi wedi rhoi'r gorau i dyfu tomatos enfawr, ond dwi'n tyfu tomatos ceirios bach bach bob blwyddyn o hadau gwnes i gadw'n wreiddiol o domatos arbennig o felys roedd e wedi rhoi i fi dros y ffens, gyda awgrym ar gyfer sut i dyfu basil gwell.

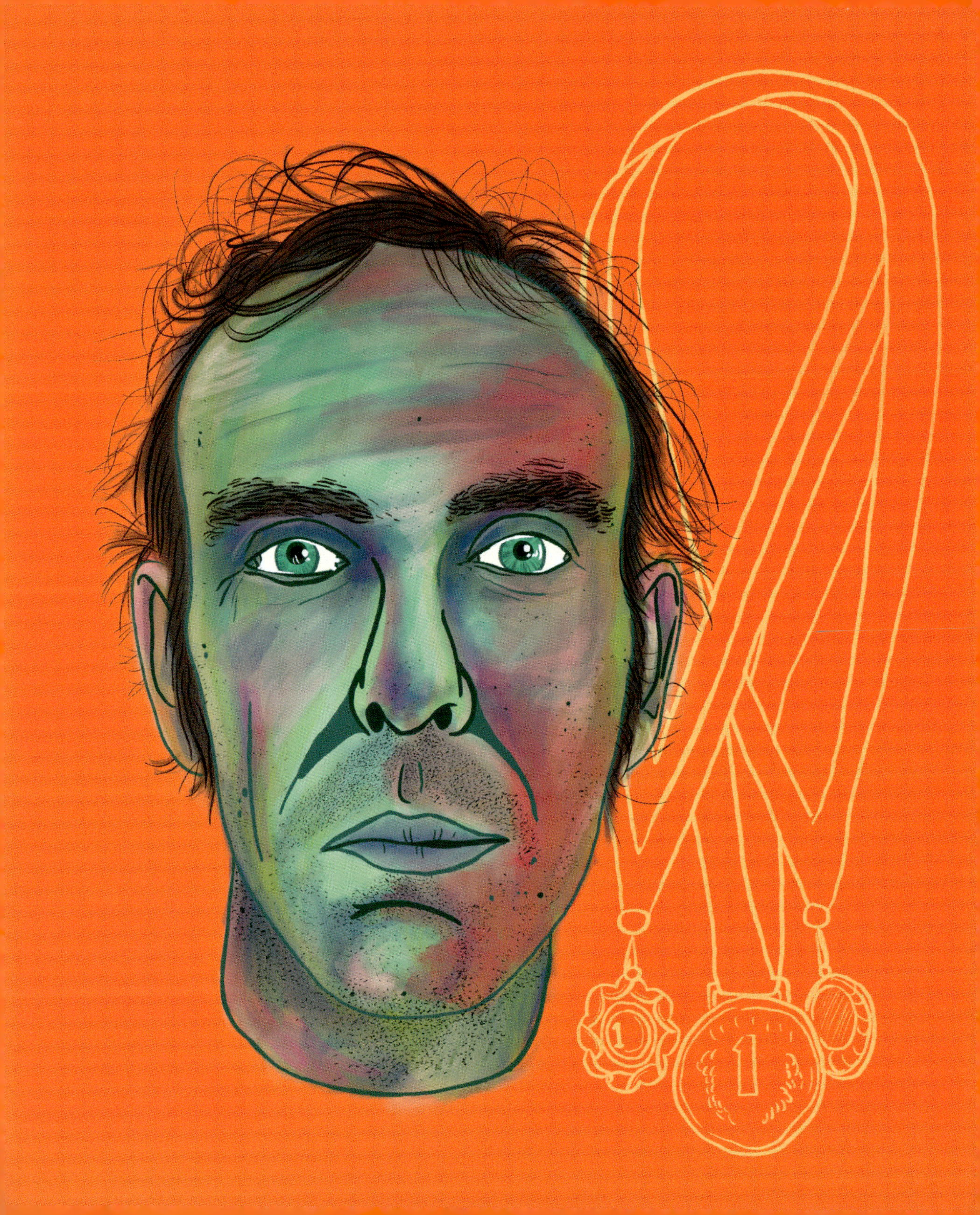

Sam L, 30
Retired Footballer | Pêl-droediwr wedi Ymddeol

I played football for Newport Disability Football Club. I was the top goal scorer.

When I scored the winner I took my shirt off to celebrate and got sent off for it. Then, all of my teammates jumped on me, but I was on the bottom. It felt very claustrophobic!

When I won the tournament, I did it for my Grandmother. I was crying for her.

O'n i'n chwarae pêl-droed i'r Newport Disability Football Club. Fi oedd eu prif sgoriwr goliau nhw.

Pan sgories i'r gôl nath ennill y gêm, tynnes i nghrys i i ddathlu a ces i'n anfon off y cae. Wedyn, fe neidiodd pawb o'r tîm arno'i, ond o'n i ar y gwaelod. O'dd e'n teimlo'n claustrophobic iawn!

Pan enillais i'r twrnament, nes i hwnna i Mam-gu. O'n i'n llefain amdani hi.

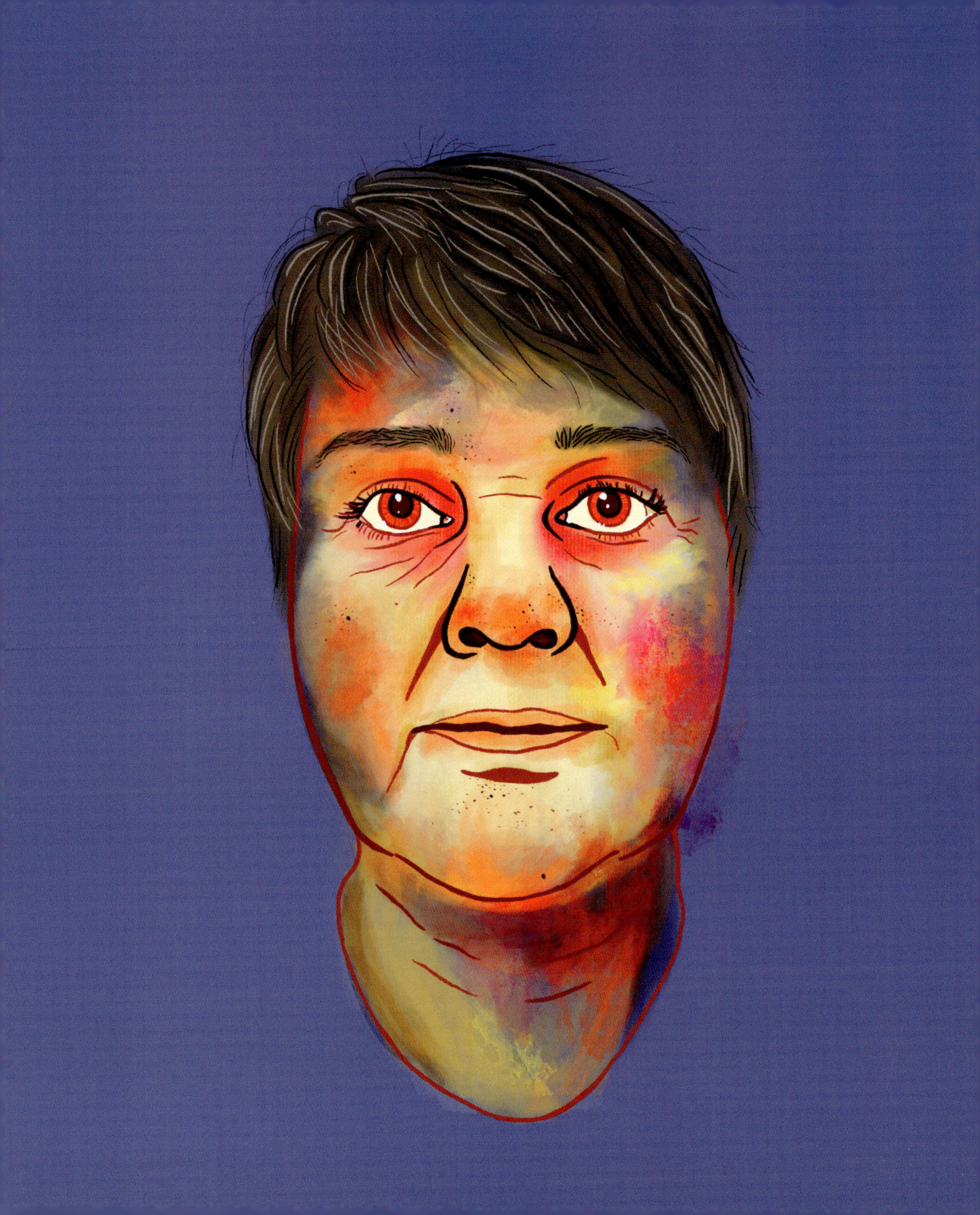

Clare, 50
Listener | Gwrandäwr

One of my favourite things is listening to and watching thunderstorms. I'm always humbled and in awe of their sheer power and I love the sound and smell of the heavy rain that accompanies them.

Un o'n hoff bethau i yw gwylio a gwrando ar stormydd mellt a tharanau. Dwi wastad yn cael 'y nharo a'n syfrdanu gan y fath rym sy ynddyn nhw a dwi wrth 'y modd gyda sŵn ac arogl y glaw trwm sy'n dod gyda nhw.

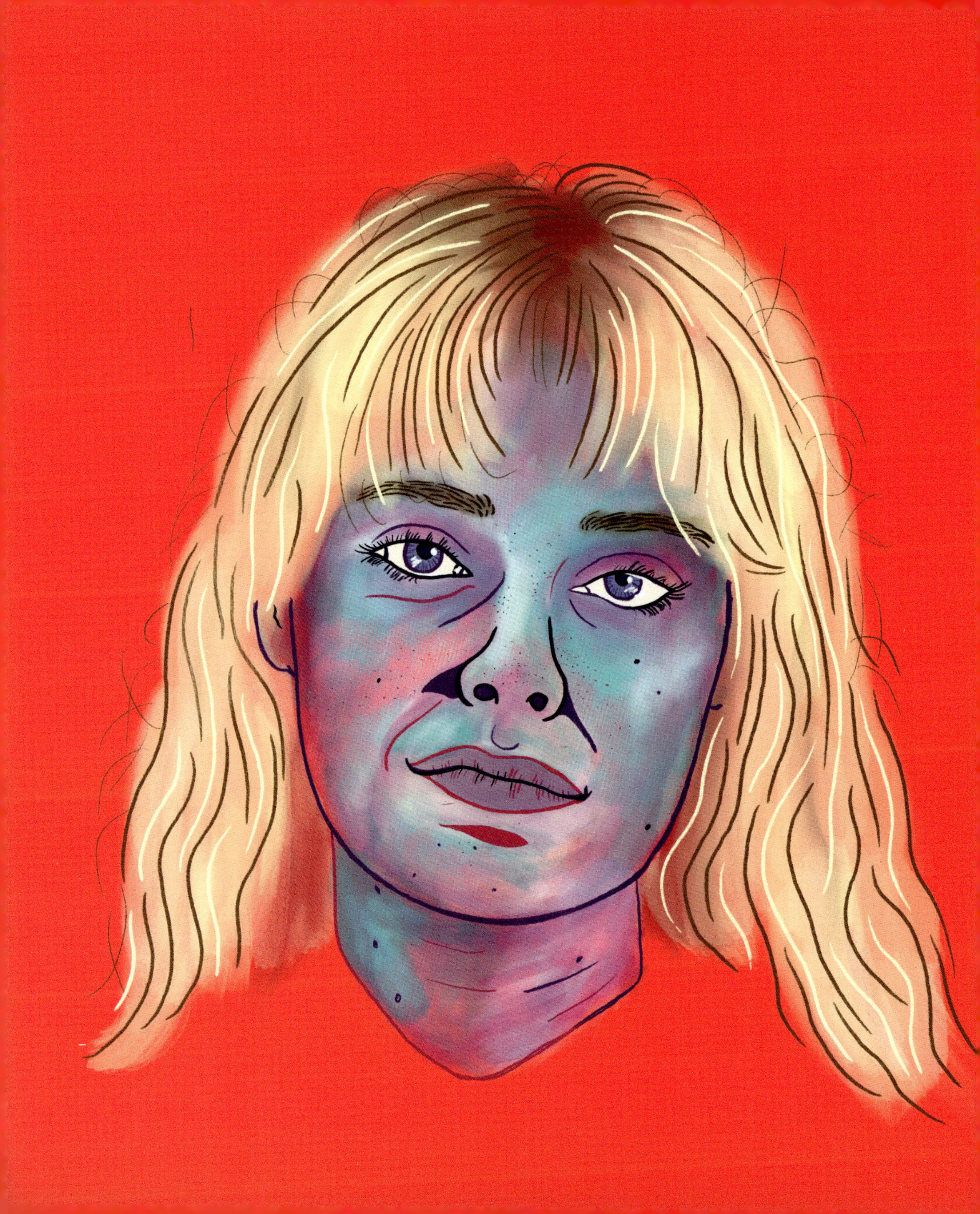

Mil, 26
Mother of Cats | Mam y Cathod

One of the strangest dreams I've had was when I was at uni. I was in a tiny boat on a frozen lake with my boyfriend at the time. Around the edges of the lake were tiny kittens scrambling to escape the frozen lake. I was scared and wanted to save them but my boyfriend wouldn't let me. We argued and he tried to take us away from there, leaving the kittens to die...

This dream felt symbolic to me because I associate cats with femininity. It made me realise I felt like my femininity was being ignored, discouraged, and controlled in my life. The kittens symbolised my femininity and sense of self, and the lake felt like my relationship.

...in the end I ran away from him and saved the kittens myself.

Un o'r breuddwydion mwyaf rhyfedd dwi 'di cael, ces i fe pan o'n i yn y brifysgol. O'n i mewn cwch bach bach ar lyn wedi rhewi gyda nghariad i ar y pryd. Ar hyd ymylon y llyn roedd 'na gathod bach, rhai bach bach, yn sgathru i ddianc o'r llyn wedi rhewi. O'dd ofn arna'i, ac o'n i eisiau eu hachub nhw ond o'dd 'y nghariad i ddim yn gadael i fi neud. Cawson ni ffrae a nath e drio mynd â ni o 'na, a gadael i'r cathod bach farw...

O'dd y freuddwyd yma'n teimlo'n symbolaidd i fi achos dwi'n cysylltu cathod â benywaidd-dra. Fe wnaeth i fi sylweddoli mod i'n teimlo fel bod fy menywaidd-dra i'n cael ei anwybyddu, ei lesteirio, a'i reoli yn 'y mywyd i. Roedd y cathod bach yn symbol o menywaidd-dra i a'n synnwyr i o fi fy hun, ac roedd y llyn yn teimlo fel y berthynas.

...yn y diwedd fe wnes i redeg i ffwrdd oddi wrtho fe ac achub y cathod bach 'yn hunan.

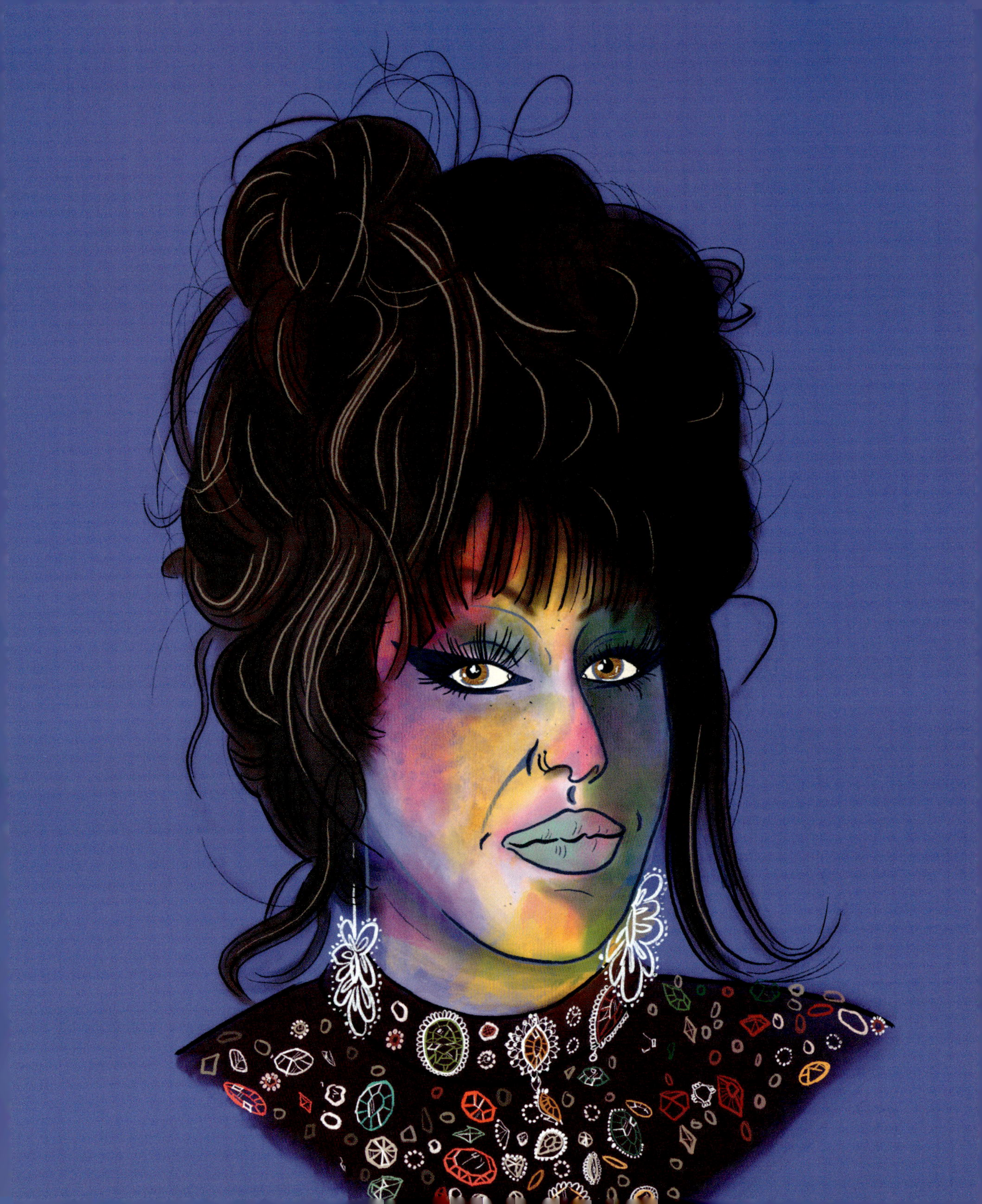

Polly Amorous, 29
Drag Queen | Brenhines Drag

There really is no feeling like the thrill of Pride celebrations in Cardiff. As a drag performer and getting to perform in front of thousands of people on the Main Stage - nothing else really compares to it. Aside, of course, from marching the pride parade with my chosen family.

Doing something together beats doing something alone tenfold. For one day it feels like we are all connected by love and kindness, and that's all that matters in the world.

Does 'na rili dim byd yn dod yn agos at y thrill ti'n deimlo mewn dathliadau Pride yn Gaerdydd. Fel perfformiwr drag a cael perfformio o flaen miloedd o bobl ar y Prif Lwyfan – does dim byd arall wir yn cymharu 'da fe. Ond, wrth gwrs, am gerdded y pride parade gyda'n chosen family fi.

Ma neud rywbeth 'da'n gilydd yn well na neud rywbeth dy hunan, yn hawdd. Am un diwrnod ma fe'n teimlo fel bod ni gyd 'di'n cysylltu 'da cariad a caredigrwydd, a 'na'i gyd sy'n bwysig yn y byd.

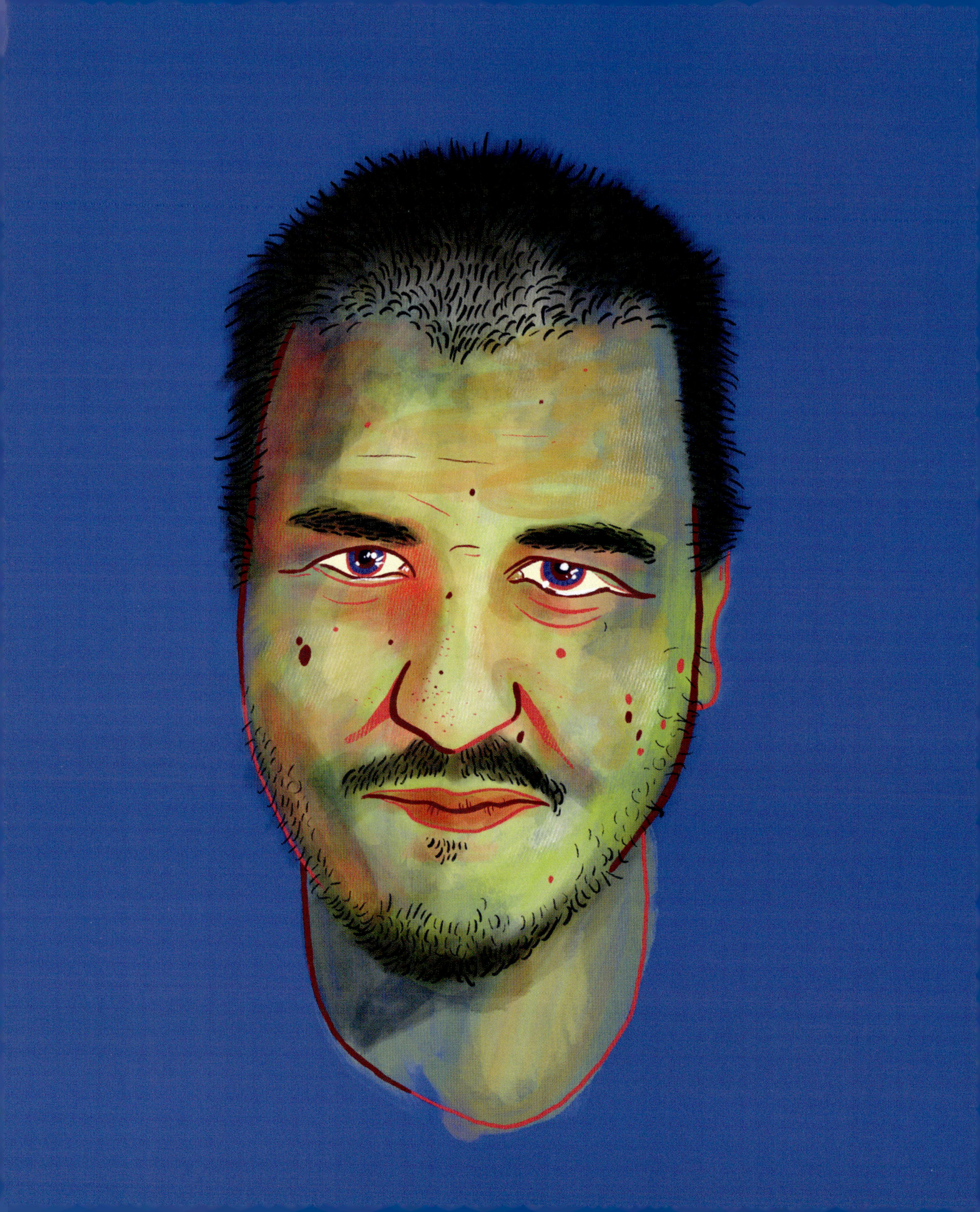

Nick, 27
Nerd

...well the bit I haven't told you yet, is obviously I told you there's 3 'catastrophes' in the deck, so when you do an arcane check, if you are lying and get caught, the 6 cards your opponent has, if one of them is a catastrophe, they can replace the card you've played with one of the cards in their hand, the catastrophes, with the exception of the witches, are always bad, for mine, it will wound my characters. So, if I lie and get caught and you happen to have a 'catastrophe' as one of your 6 cards, you can go, "I'm gonna replace that with this", and then the 'catastrophe' will happen instead. That also opens up a really interesting thing - if you don't have a 'catastrophe', and I've lied. Let's say I've said pink 2, but actually it's a pink 1, and you're only holding pink cards you can either not replace it and I'll still do the pink 1, or you can replace it and if it's bigger than a pink 1, you're doing damage, so you probably won't replace it. The point being, the card that stays on the table still takes effect. Now, usually, the arcane abilities only want one card, but there are exceptions. I'll show you a really interesting one, that's Belladonna, her bottom ability does something on every colour, but the 'catastrophe' is that both of them die. So if I go in and say Belladonna is going to do a 'Drop of Delirium' against your character, and I'm trying to do something else, and I lie, and you have a 'catastrophe', you could play the 'catastrophe', but Belladonna and your character will die. However if I'm targeting my own guy, to let's say move him, and I lie, and you have a 'catastrophe', both my characters die...

...wel y bit fi heb weud 'tho ti 'to yw, yn amlwg nes i weud 'tho ti bod 'na tri 'catastrophe' yn y deck, so pan ti'n neud arcane check, os ti'n gweud celwydd a'n cal dy ddala, ma'r wech carden sy 'da dy opponent di, os yw un o nhw'n catastrophe, ma nhw'n gallu swopo'r garden ti 'di ware am un o'r cardie yn eu llaw nhw, ma'r catastrohpes, ond am y gwrachod, bob amser yn ddrwg, i rei fi, bydd e'n nafu cymeriade fi. So, os fi'n gweud celwydd a'n cal 'y nala a digwydd bod 'da ti 'catastrophe' fel un o dy wech carden, ti'n gallu mynd, "Fi'n mynd i swopo hwnna am hwn", a wedyn 'ny bydd y 'catastrophe' yn digwydd yn lle 'ny. Ma hwnna hefyd yn agor lan peth rili diddorol – os oes dim 'catastrophe' 'da ti, a fi 'di gweud celwydd. Gad ni weud bod fi 'di gweud pink 2, ond actually pink 1 yw e, a ti dim ond yn dala cardie pinc, ti'n gallu naill ai ddim swopo fe a byddai dal yn neud y pink 1, neu ti'n gallu swopo fe ac os yw e'n fwy na pink 1, ti'n neud damage, so nei di probabli ddim swopo fe. Y point yw, ma'r carden sy'n aros ar y ford dal yn cal effaith. Nawr, fel arfer, ma'r arcane abilities dim ond ishe un carden, ond ma 'na exceptions. Nai dangos un rili diddorol i ti, Belladonna, ma bottom ability hi'n neud rwbeth ar bob lliw, ond y 'catastrophe' yw bod y ddau o nhw'n marw. So os fi'n mynd mewn a gweud bod Belladonna'n mynd i neud 'Drop of Delirium' yn erbyn dy gymeriad di, a fi'n trio neud rwbeth arall, a fi'n gweud celwydd, a ma 'catastrophe' 'da ti, gallet ti ware'r 'catastrophe', ond bydd Belladonna a dy gymeriad di'n marw. Ond os fi'n targedu'n un 'yn hunan, i gad ni weud symud e, a fi'n gweud celwydd, a ma 'catastrophe' 'da ti, ma'n ddau gymeriad i'n marw...

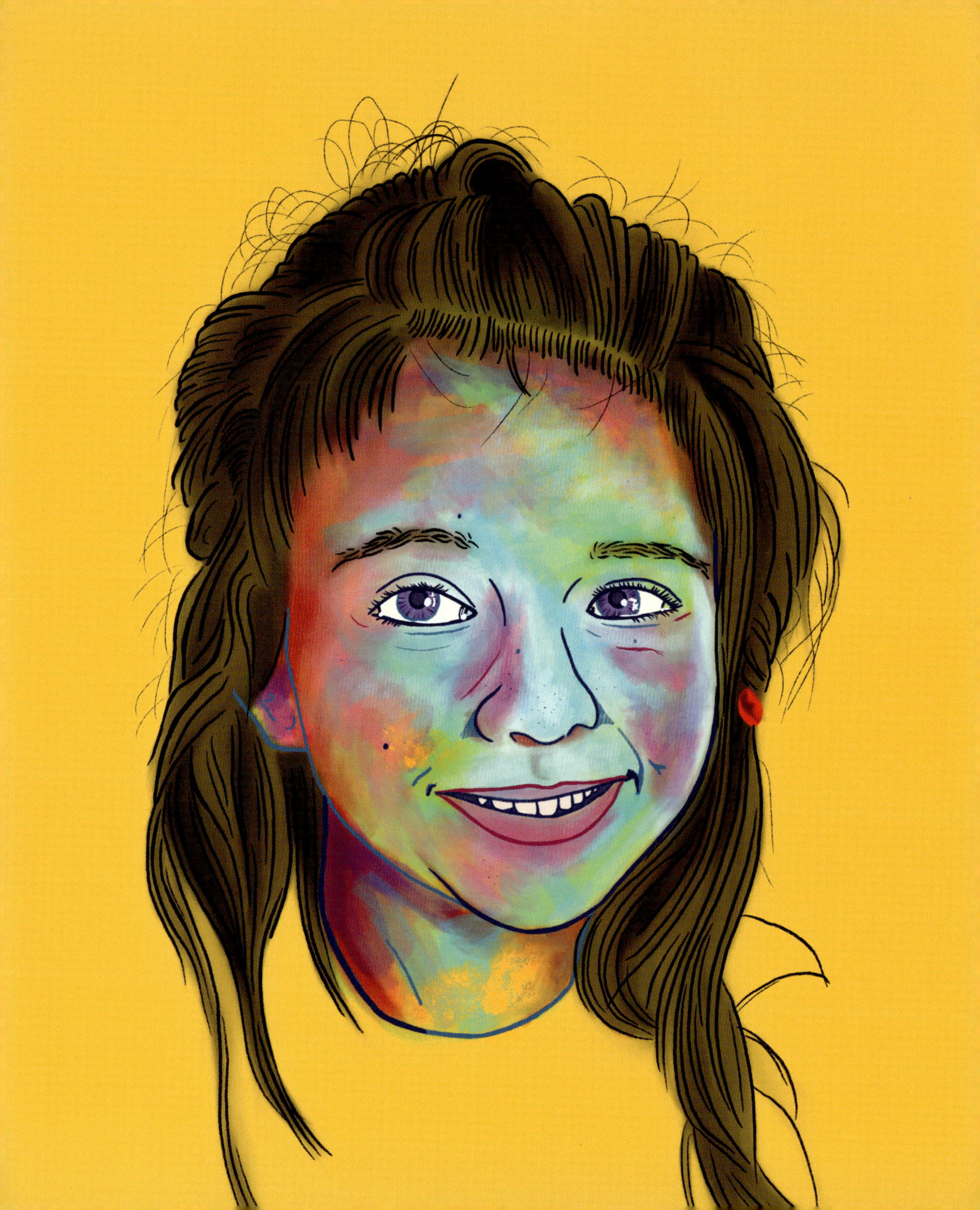

Willow Edith Phillips-Wheeler, 6
Super Little Human | Arwr Bach

The boys at school say that girls can't have blue as their favourite colour. That's not right though. Boys and girls can like blue. My favourite colours are blue and pink.

Being normal is boring. Being weird and different is beautiful. You do you. Do your funky thing. You are awesome just the way you are.

Mae'r bechgyn yn yr ysgol yn dweud bod merched ddim yn gallu cael glas fel eu hoff liw nhw. Ond dyw hwnna ddim yn wir. Ma bechgyn a merched yn gallu hoffi glas. Hoff liwiau fi yw glas a pinc.

Mae bod yn normal yn boring. Mae bod yn weird a gwahanol yn hyfryd. Rhaid i ti neud ti. Rhaid i ti neud dy beth funky dy hun. Ti'n anhygoel jyst fel wyt ti.

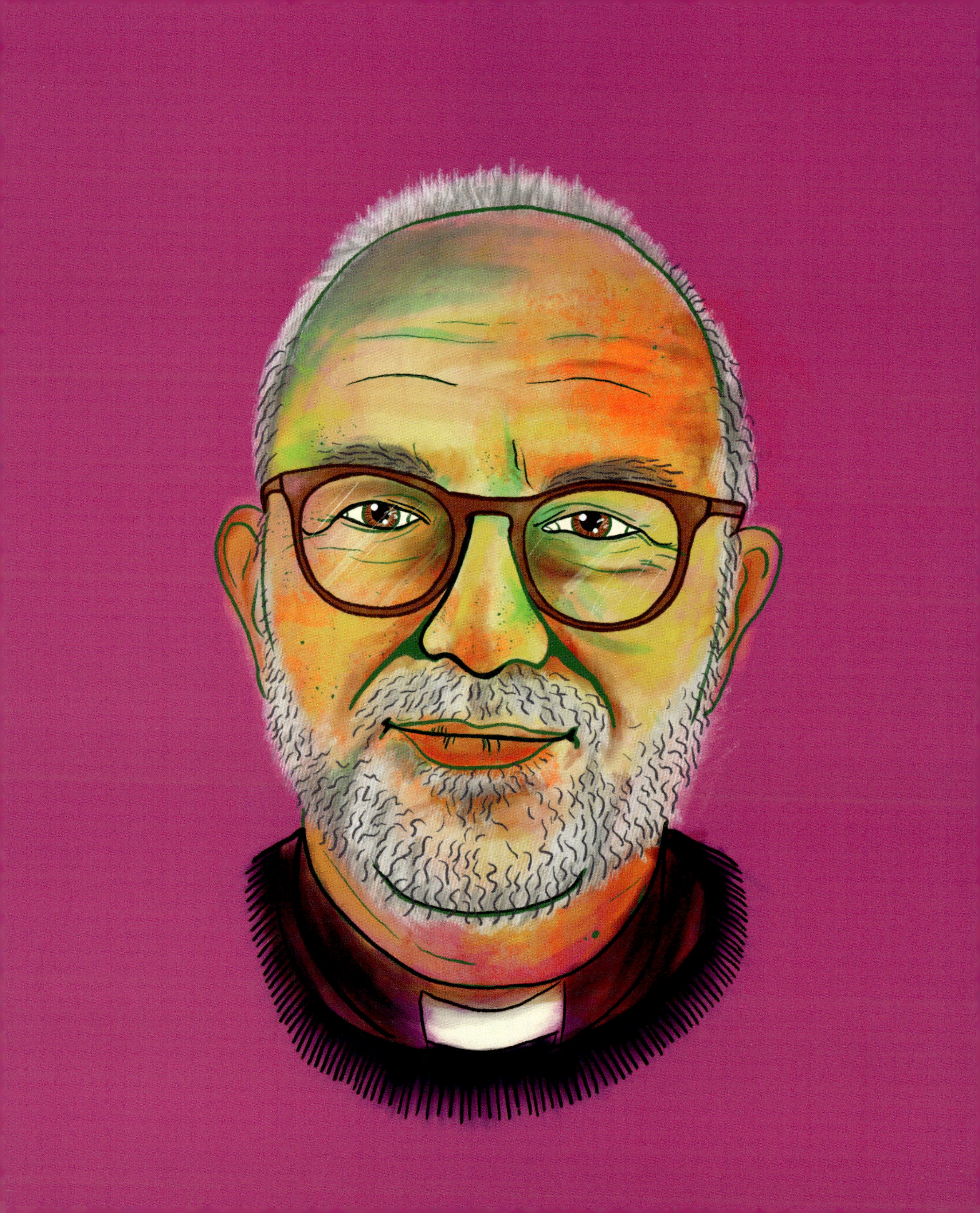

Canon Andrew Lightbown, 57½
Cathedral Canon and Priest |
Offeiriad a Chanon yn yr Eglwys Gadeiriol

I thought I was a country boy, until I came to Newport to serve in the cathedral. I discovered a real love for the urban reality of this - my black and amber - home town.

Ro'n i'n meddwl mai bachgen y wlad o'n i, tan i mi ddod i Gasnewydd i wasanaethu yn yr Eglwys Gadeiriol. Fe wnes i sylweddoli bod gen i gariad go iawn at realiti dinesig fy nghartref newydd 'du ac amber'.

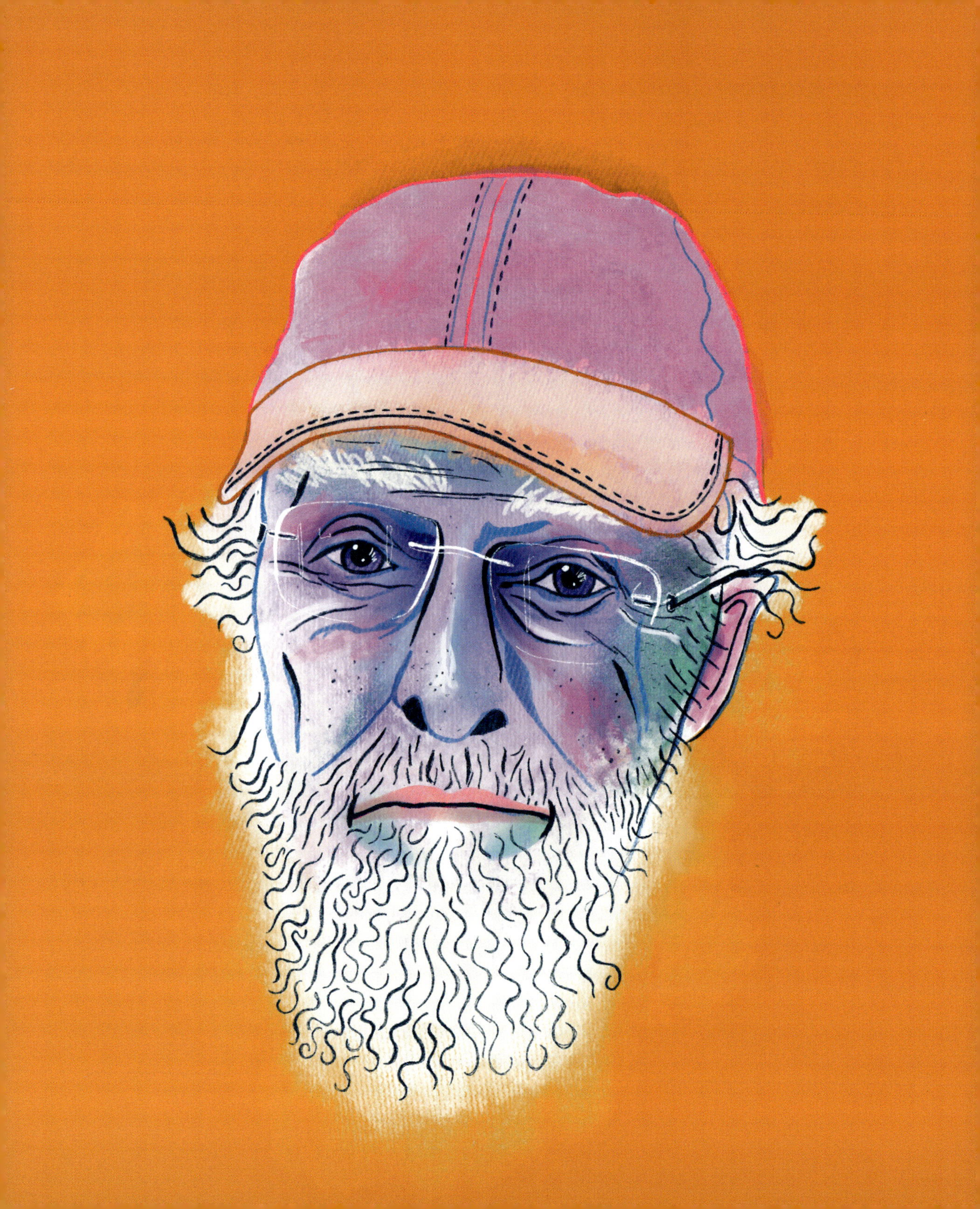

Ron McCormick, 77
Photographer | Ffotograffydd

He's nearly had me in jail. I didn't do anything wrong, but I just happened to drop in to the Duke of Wellington pub in Spitalfields when he comes along with a skull and he places it on the bar. The landlord went and quietly called the police, because he knew that he was an alcoholic and a meths drinker. The next thing I know he's disappeared! So I'm sitting in the bar having a pint, and the police turn up, and they're wanting to know what this skull is all about… Apparently, he had stolen it from a secure chest in the graveyard at Christchurch where the graves were being exhumed.

Another time I was in court with him because he had been done for busking - he gets arrested time and time again - anyway, this time he ends up in court and I go along out of sympathy and go "alright Banjo?" - Jimmy Cross is his real name but we all called him Banjo because he played the Banjo. A great musician, he played grand piano too, he could play any fucking instrument… squeeze box, the whole lot. Anyway, so he's up in the dock in the magistrates' court, and the magistrate's going "you have been accused of begging and vagrancy" and he said "No! I said I'm a musician………… and I've got a witness here who will prove it!" and he went down into his vest and pulled out all of these photographs that I'd taken of him busking and playing instruments. Total panic in the court. The judge says "Hold it there, hold it there". Security guards came in for me saying "he's got to be removed, he can't be in the court if he's going to be a witness." So the next thing I know I've been pulled out of the bloody court right, and then I have to come back in as a witness, to testify that he was a genuine working musician!

He got off with a caution.

Nath e bron â'n lanio fi'n y carchar. Nes i ddim byd o'i le, ond jyst digwydd taro mewn i dafarn y Duke of Wellington yn Spitalfields pan ma fe'n cerdded heibio gyda penglog a'n ei roi e ar y bar. Fe aeth y landlord yn dawel bach a galw'r heddlu, achos o'dd e'n gwbod bod e'n alcoholic a'n yfed meths. Peth nesa o'n i'n wbod, o'dd e 'di diflannu! So fi'n eistedd yn y bar gyda peint, a ma'r heddlu'n troi lan, a ma nhw moyn gwbod pam ma 'na benglog 'na… Mae'n debyg bod e 'di dwyn e o gist wedi cloi yn y fynwent yn Christchurch ble o'dd y beddi'n cael eu palu lan.

Amser arall o'n i yn y llys 'da fe achos o'dd e 'di cael ei neud am busko – ma fe'n cael ei arestio trwy'r amser – ta beth, tro 'ma ma fe'n lanio'n y llys a fi'n mynd 'na mas o gydymdeimlad a'n mynd "iawn Banjo?" – Jimmy Cross yw ei enw iawn e ond o'n ni gyd yn galw fe'n Banjo cos o'dd e'n chware'r Banjo. Cerddor gwych, o'dd e'n chware'r grand piano 'fyd, galle fe chware unrhyw offeryn… squeeze box, yr whole lot. Eniwe, so ma fe lan yn y doc yn y llys ynadon, a ma'r ynad yn mynd "you have been accused of begging and vagrancy" a ma fe'n mynd "Na! Wedes i taw cerddor 'y fi………… a ma 'da fi dyst 'ma neith brofi fe!" ac ath e lawr mewn i'w fest a tynnu mas yr holl ffotograffs 'ma o'n i 'di tynnu ohono fe yn busko a'n chware offerynnau. Panic llwyr yn y llys. Ma'r barnwr yn gweud "Dalwch sownd, dalwch sownd". Dath security guards mewn i'n nôl i yn gweud "rhaid iddo fe fynd mas, all e ddim bod yn y llys os yw e'n mynd i fod yn dyst." Felly peth nesa, fi 'di cael 'y nhynnu mas o'r blydi llys reit, a wedyn ma raid fi ddod nôl mewn fel tyst, i roi tystiolaeth bod e'n genuine working musician!

Gath e off gyda caution.

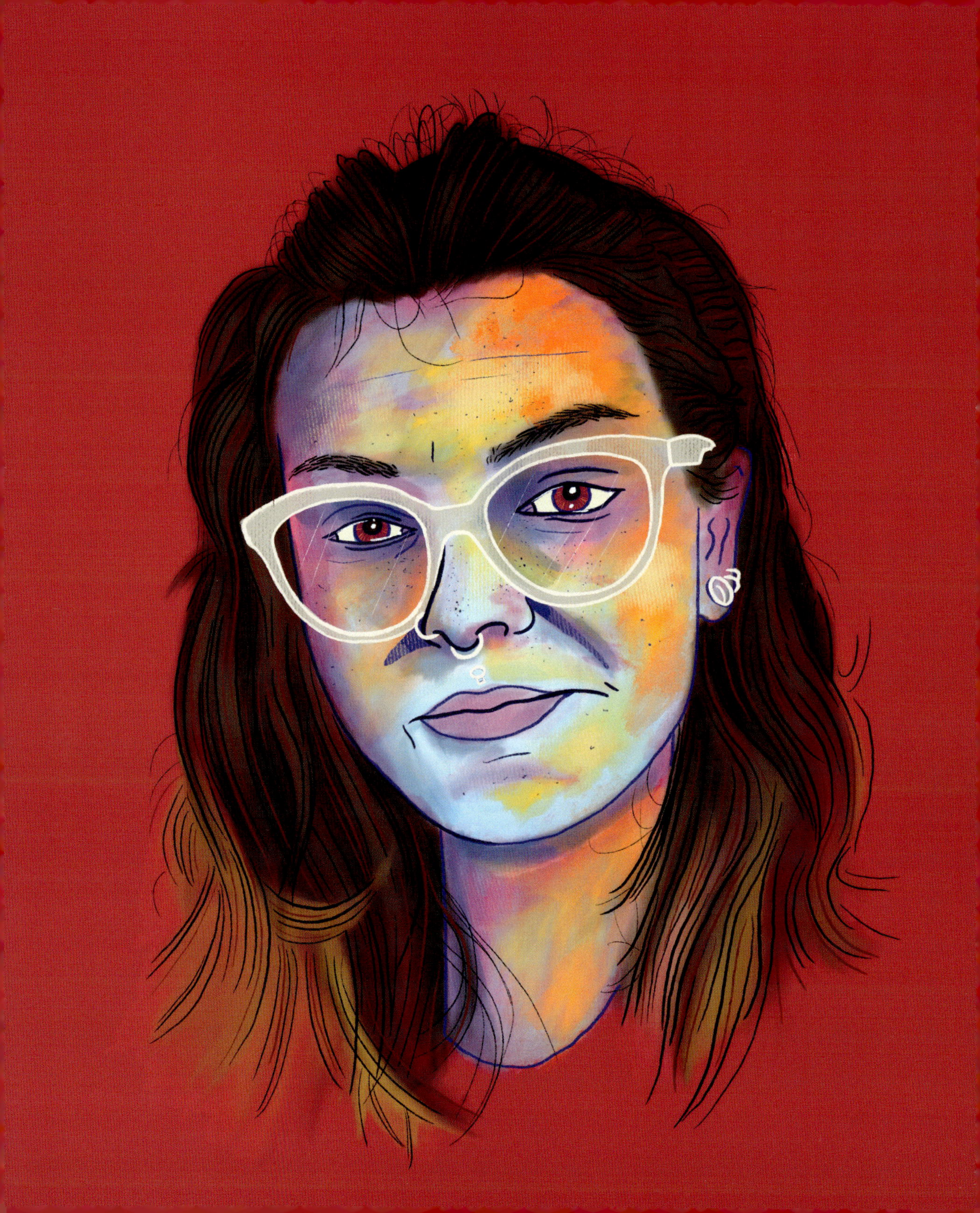

Ruby, 25
Trauma & Orthopaedics Administrator | Gweinyddwr Trawma ac Orthopaedeg

They used our family holiday photos in the papers and my young teenage brother's words as the headlines:

"Tony Blair Killed My Dad".

Fe wnaethon nhw ddefnyddio lluniau gwyliau'n teulu ni yn y papurau a geiriau 'mrawd i, oedd yn ei arddegau ifanc, ar gyfer y penawdau:

"Tony Blair Killed My Dad".

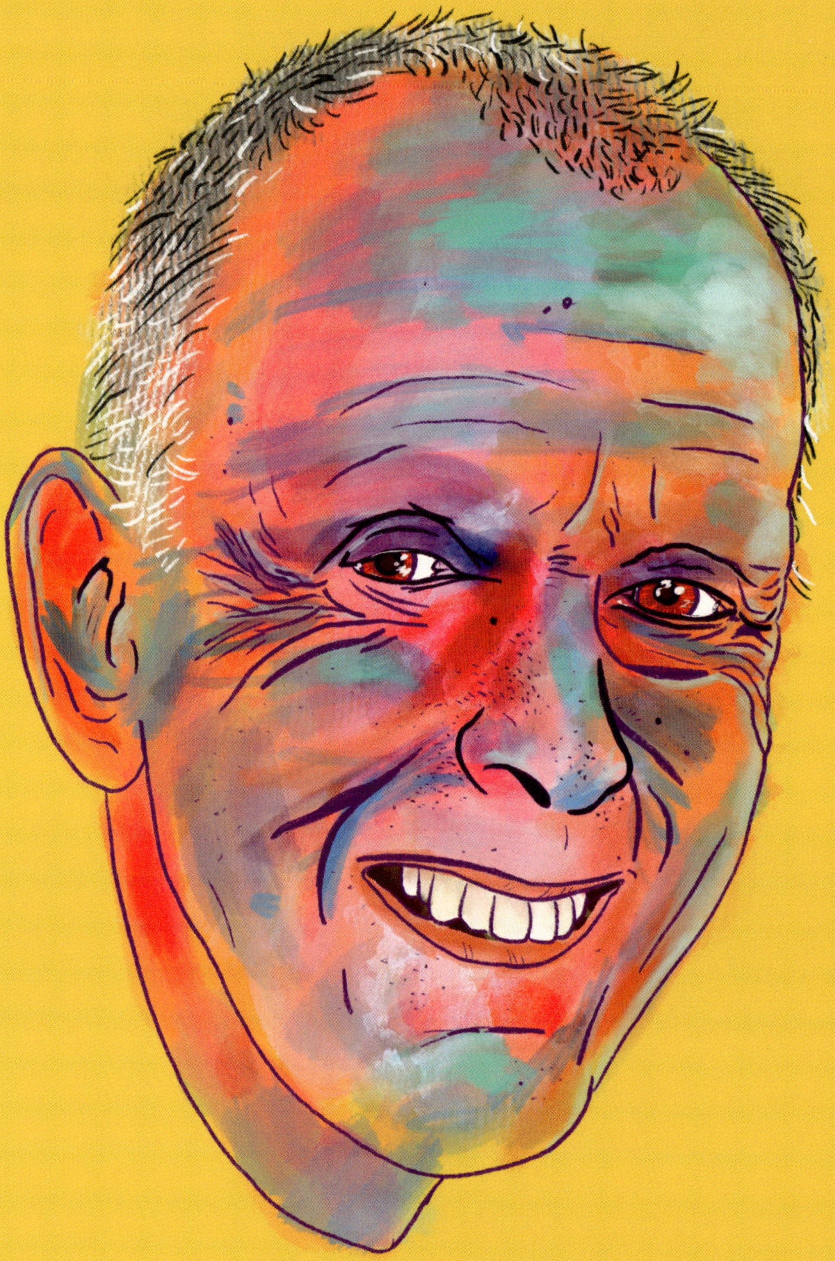

Haydn
Walker | Cerddwr

I remember when I was with the South Gwent Ramblers. I used to walk 10 or 12 miles every Sunday... on occasion, 15 miles! I had a friend and we used to laugh all day. Happy times. Sadly he's passed away now... but it was truly an enlightening experience - we used the footpaths, mountains, valleys, seaside - a life changing experience.

I saw things I'd never seen before.

Dwi'n cofio pan o'n i gyda'r South Gwent Ramblers. O'n i'n arfer cerdded 10 neu 12 milltir bob dydd Sul... weithiau 15 milltir! Oedd ffrind gyda fi ac o'n ni'n arfer chwerthin drwy'r dydd. Dyddiau da. Fe fuodd e farw'n anffodus... ond oedd e'n brofiad wnaeth agor 'yn llygaid i go iawn – o'n ni'n defnyddio'r llwybrau troed, y mynyddoedd, y cymoedd, lan y môr – profiad wnaeth newid 'y mywyd i.

Gwelais i bethau do'n i byth 'di gweld o'r blaen.

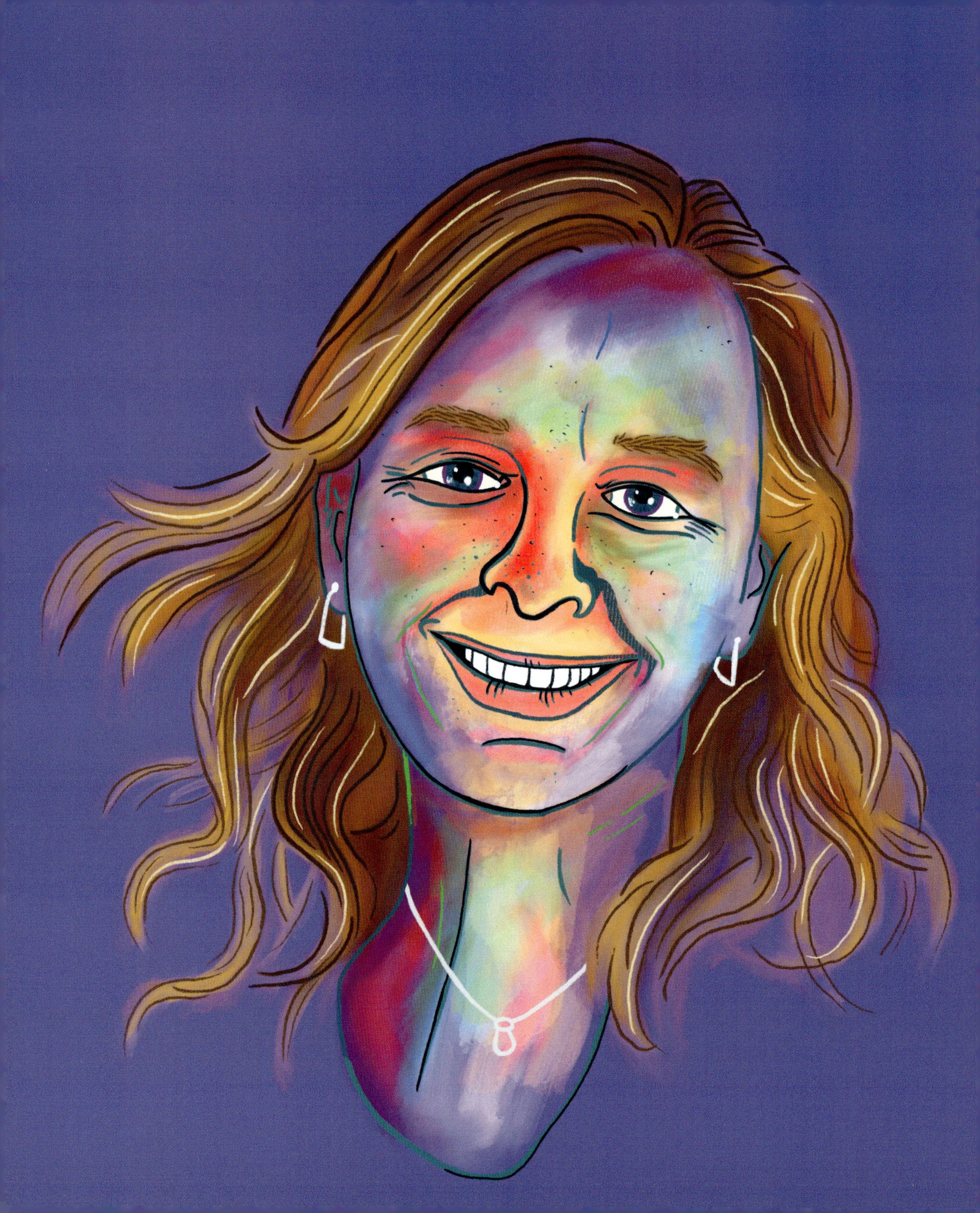

Jayne Bryant AM, 45
Member of the Senedd for Newport West | Aelod o'r Senedd dros Orllewin Casnewydd

When I was at university I wrote to every MP locally to do some work experience, and Paul Flynn actually wrote back to me. He asked me how good I was on the computer, using a word processor. So, I had to ring him back ... and he gave me a chance! Y'know, I wasn't in the top of my class at school or anything, but Paul gave me a real opportunity and I was so grateful for that, that he had seen something in me, and continued to support me. It used to be that people got elected somewhere, and they didn't necessarily ever visit their constituencies really...and I think that has changed now - people want to know that you're around. They want to know that you're there, that you're present. That you're not from another planet or another place. So you try to be visible. ...and I especially feel that this is important when it comes to young people. Because for me, I felt that it really impacted me meeting Paul Flynn when I was younger and that's why I feel strongly about going to speak to young people - whether it's at schools or in other settings, you know, any time I get the chance really! Because it gives them the opportunity to think "Oh! Well that person is a politician! ...and they sound like me, they look like me" and I've sat in the same chairs that lots of these young people have sat in, having gone to St Julian's Primary and Secondary myself, you know, I've been there, and I think, well, it's about knowing that you seem the same as those people doing these important things - because it can lead people to think "Well... if they can do that, then I can do that too!". And that's what I want young people to think - that it IS for them. Because I spent so long thinking it wasn't for me. It didn't even cross my mind back then that I could do what I do now. But it really is for everybody, because we need our politicians to be diverse and representative of the communities that we live in.

Pan o'n i yn y brifysgol, sgrifennais i at bob Aelod Seneddol yn lleol i wneud profiad gwaith, a naeth Paul Flynn sgrifennu nôl. Gofynnodd e i fi pa mor dda o'n i ar y cyfrifiadur, yn defnyddio prosesydd geiriau. Felly, oedd rhaid i fi ffonio fe nôl ...a naeth e roi cyfle i fi! Timod, o'n i ddim yn un o'r goreuon na dim pan o'n i'n yr ysgol, ond naeth Paul roi cyfle go iawn i fi ac o'n i mor ddiolchgar am hynny, ei fod e wedi gweld rhywbeth ynddo fi, ac wedi dal mlaen i nghefnogi fi. Oedd hi'n arfer bod y byddai pobl yn cael eu hethol rhywle, wedyn fydden nhw ddim o anghenraid yn mynd i'w hetholaethau ryw lawer... a dwi'n meddwl bod hynna wedi newid nawr – mae pobl eisiau gwybod dy fod ti o gwmpas. Maen nhw eisiau gwybod dy fod ti yna, yn bresennol. Dy fod ti ddim o blaned arall neu o le arall. Felly ti'n trio cael dy weld...a dwi'n teimlo'n arbennig bod hyn yn bwysig pan mae'n dod i bobl ifanc. Achos i fi, o'n i'n teimlo'i fod e wedi cael effaith fawr arno fi, cwrdd â Paul Flynn pan o'n i'n ifanc a dyna pam dwi'n teimlo'n gryf am fynd i siarad 'da pobl ifanc – galle fe fod mewn ysgolion neu llefydd eraill, timod, unrhyw bryd dwi'n cael cyfle rili! Achos mae'n rhoi cyfle iddyn nhw feddwl "O! Wel, gwleidydd yw'r person yna! ... ac maen nhw'n swnio fel fi, maen nhw'n edrych fel fi", a dwi wedi eistedd yn yr un cadeiriau â mae lot o'r bobl ifanc yma wedi eistedd ynddyn nhw, wedi mynd i Ysgol St Julian fy hun, y cynradd a'r uwchradd, timod, dwi 'di bod yna, a dwi'n meddwl, wel, mae i wneud 'da gwybod dy fod ti i weld yr un peth â'r bobl yna sy'n gwneud y pethau pwysig yma – achos mae'n gallu gwneud i bobl feddwl "Wel... os ydyn nhw'n gallu neud hynna, galla i neud hynna hefyd!" A dyna beth dwi eisiau i bobl ifanc feddwl – ei FOD e iddyn nhw. Achos treuliais i gymaint o amser yn meddwl ei fod e ddim i fi. Naeth e ddim hyd yn oed croesi fy meddwl i bryd hynny y gallen i wneud beth dwi'n wneud nawr. Ond wir mae e i bawb, achos mae angen i'n gwleidyddion ni fod o gefndiroedd amrywiol a chynrychioli'r cymunedau 'dyn ni'n byw ynddyn nhw.

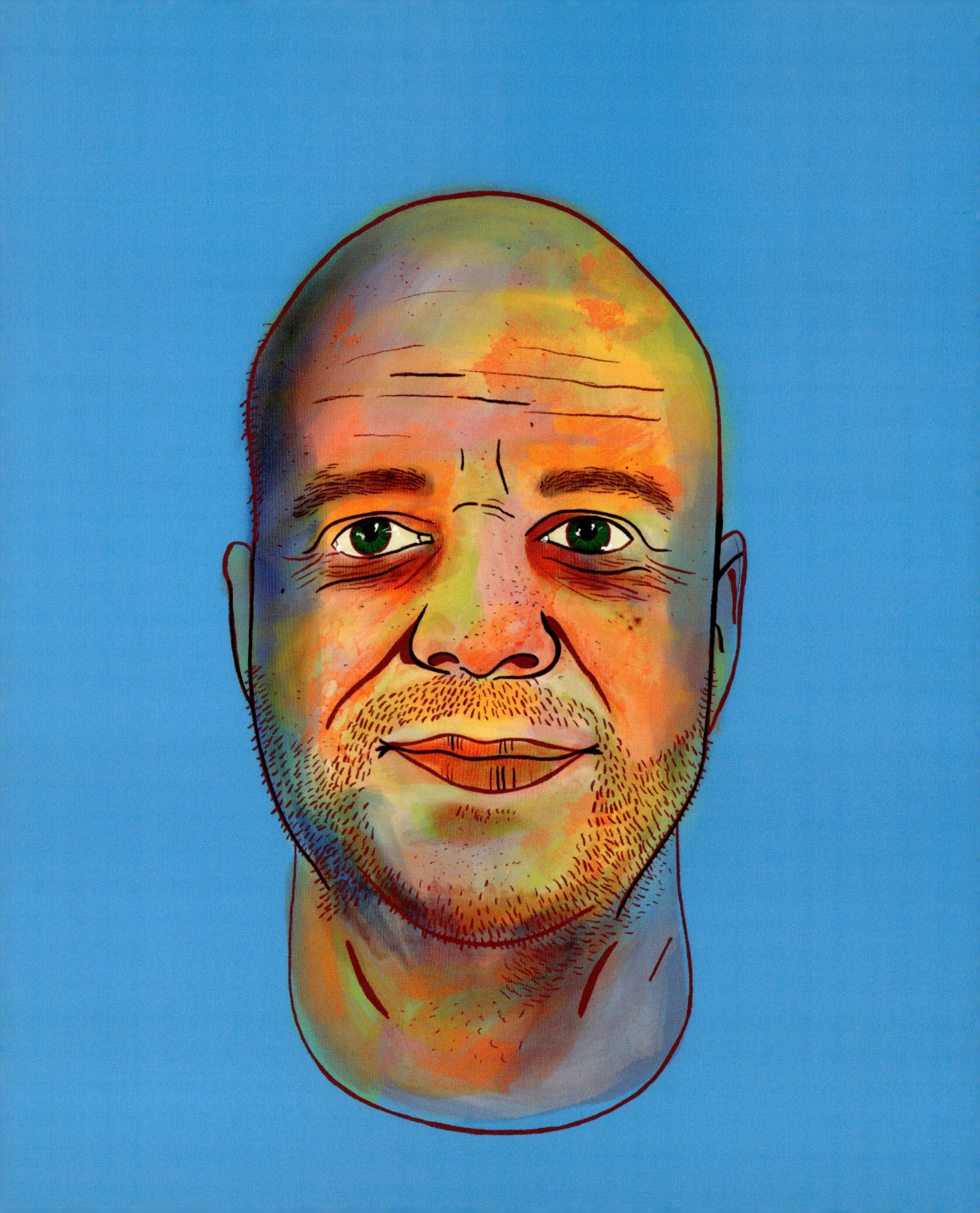

Phil, 41

I love to go out walking. It's good exercise and I get to go out. I need to because of my mental health condition.

It usually helps, but sometimes I do feel angry.

...I also like to go out walking because it's good for reducing things like cholesterol, blood pressure, sugar levels...

Dwi wrth fy modd yn mynd allan i gerdded. Mae'n ymarfer corff da a dwi'n cael mynd allan. Mae angen i fi wneud oherwydd fy nghyflwr iechyd meddwl.

Fel arfer mae'n helpu, ond weithiau dwi yn teimlo'n grac.

...Dwi hefyd yn hoffi mynd allan i gerdded achos ei fod e'n dda am leihau pethau fel colesterol, pwysau gwaed, lefelau siwgr...

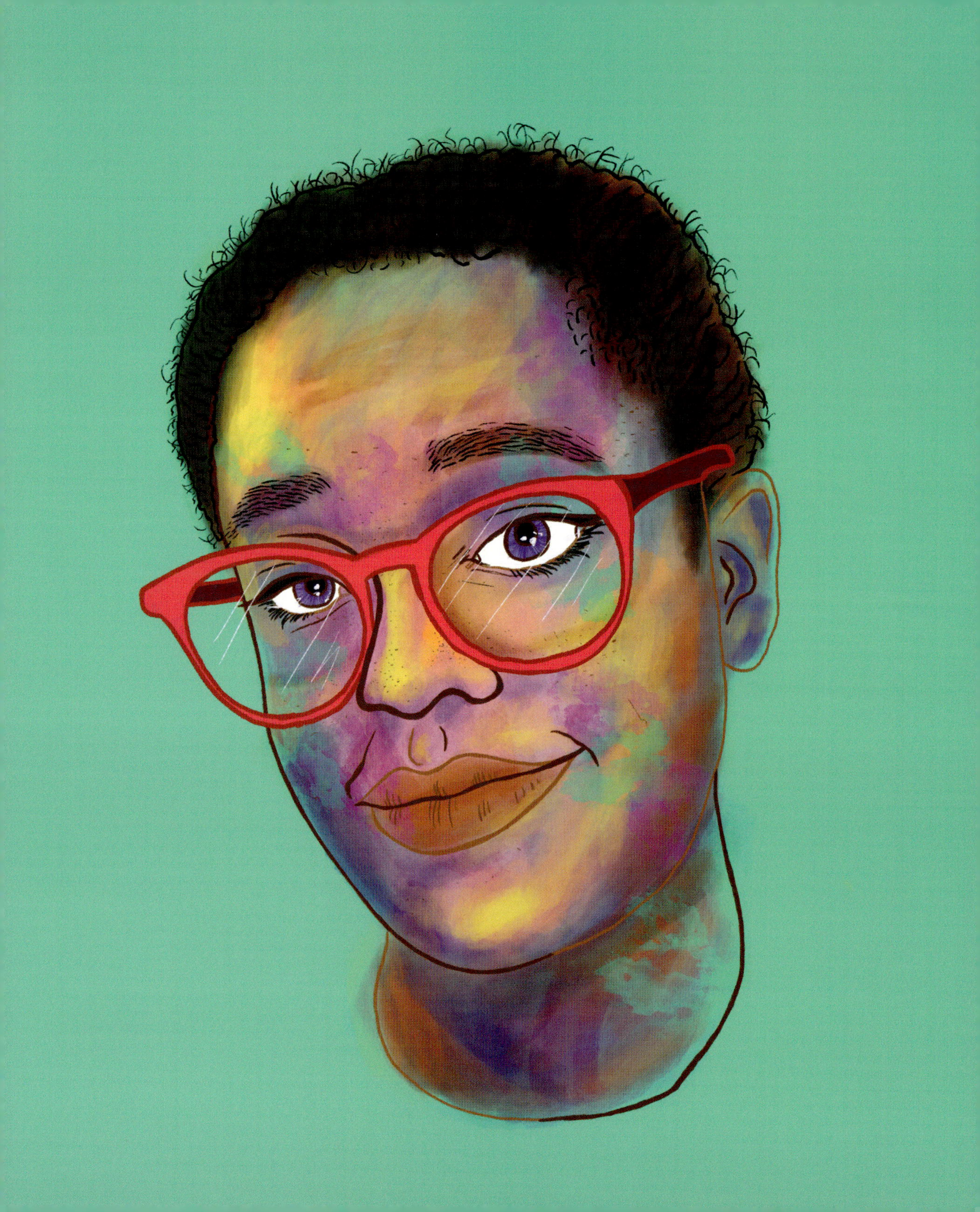

Tobs, 27
Thinker | Meddyliwr

I have always thought that happiness comes from the amount of money in a person's bank account… I was what people would say "all work and no play"! I had no social life because I had this idea that people would wait for me so it's fine to keep working, but I have learnt recently that's not true. Friends and family will move on without you.

After having a quarter-life crisis and going into therapy, I realised I have achieved so much in life but I have never celebrated my wins. To me it was never good enough. I needed to do more, and I needed to achieve more. I learnt in therapy that I was running against myself. There was no clock, it was just ME. I had a picture of what happiness was, but in reality that was not what it was.

Now, happiness for me is being healthy, and seeing the people that I care about smiling because of me. Happiness comes from being certain in myself, being content with what I have, not what I should have had. Life is what you make of it, so I am going to make it full of laughter, joy, and happiness.

Ro'n i bob amser yn meddwl bod hapusrwydd i wneud â faint o arian sy gyda ti yn dy gyfrif banc… Ro'n i'n beth byddai pobl yn galw "all work and no play"! Doedd dim bywyd cymdeithasol gyda fi achos roedd gyda fi'r syniad yma byddai pobl yn aros amdano fi felly mae'n iawn dal mlaen i weithio, ond dwi wedi dysgu'n ddiweddar fod hynna ddim yn wir. Bydd teulu a ffrindiau'n symud ymlaen hebddo ti.

Ar ôl cael quarter-life crisis a mynd mewn i therapi, sylweddolais i fy mod i wedi gwneud cymaint yn fy mywyd ond dwi byth wedi dathlu beth dwi wedi wneud. I fi doedd e byth yn ddigon da. Roedd angen i fi wneud mwy, a roedd angen i fi gyflawni mwy. Gwnes i ddysgu mewn therapi fy mod i'n rhedeg yn erbyn fy hun. Doedd dim cloc, jest FI oedd e. Roedd llun gyda fi o beth oedd hapusrwydd, ond yn y byd go iawn dim dyna beth oedd e.

Nawr i fi mae hapusrwydd i wneud gyda bod yn iach, a gweld y bobl dwi'n eu caru yn gwenu achos fi. Mae hapusrwydd yn dod o fod yn sicr o fi fy hun, bod yn fodlon gyda beth sy gyda fi, dim beth dylwn i fod wedi cael. Mae bywyd beth ti'n wneud ohono fe, felly dwi'n mynd i wneud e'n llawn chwerthin, llawenydd a hapusrwydd.

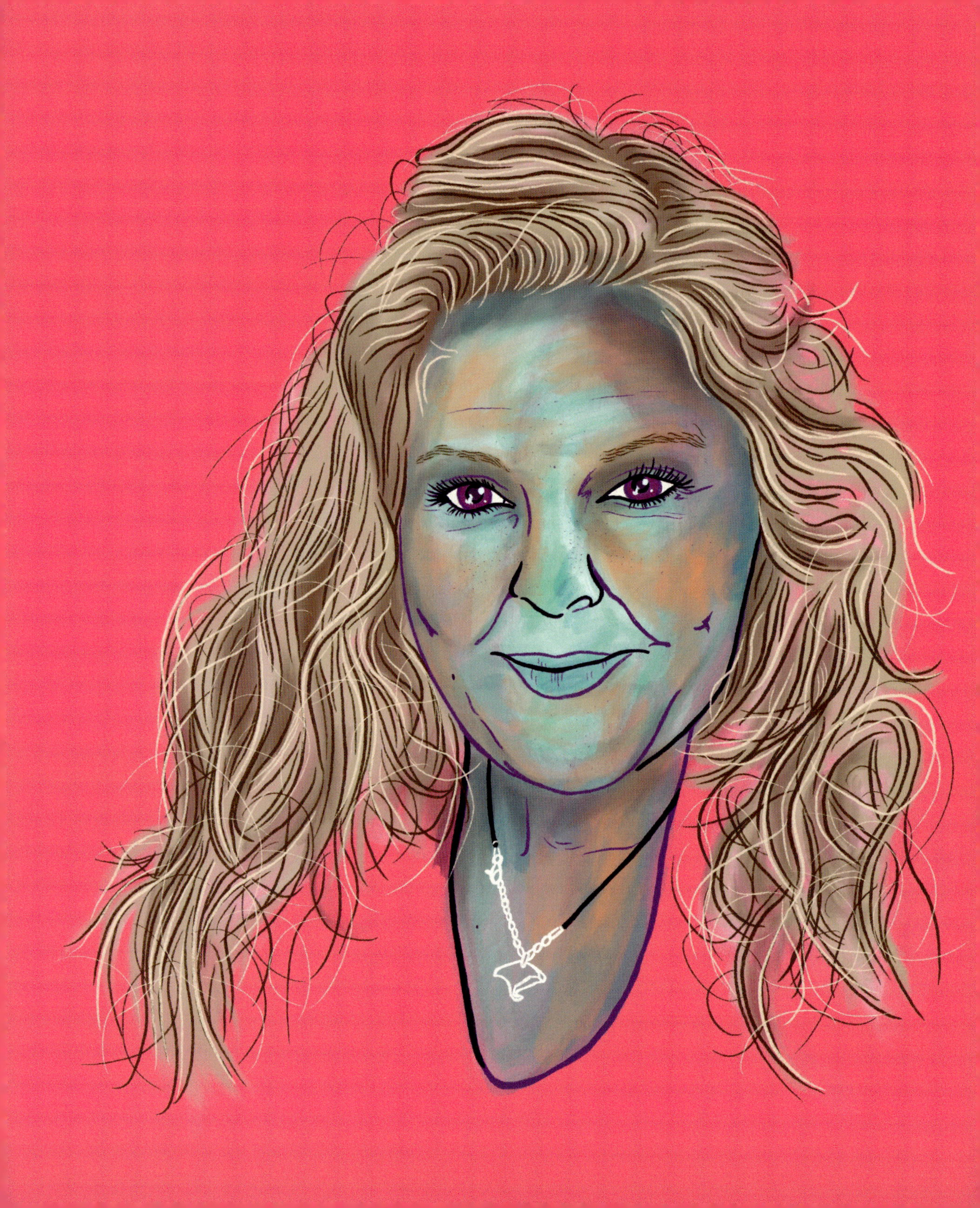

Joanne Besli, 42
Artistic Dabbler | Potsiwr mewn Celf

I regret not pursuing Art when I left school. I followed dreams that weren't mine and consequently failed to satisfy that hunger to reach my potential. I am forever the dilettante.

Having said that, by not being tied to one sole pursuit in my life, I have tapped into a world of others - even if it's just a taste!

Dwi'n difaru peidio gwneud Celf ar ôl gadael yr ysgol. Nes i ddilyn breuddwydion o'dd ddim fy rhai i felly nes i fethu bodloni'r angen yna i gyrraedd 'y mhotensial. Dilettante fydda i am byth.

Ar y llaw arall, am mod i ddim wedi nghlymu wrth un llwybr penodol yn 'y mywyd, dwi wedi tapio mewn i fyd o rai eraill – hyd yn oed os taw dim ond blas yw e!

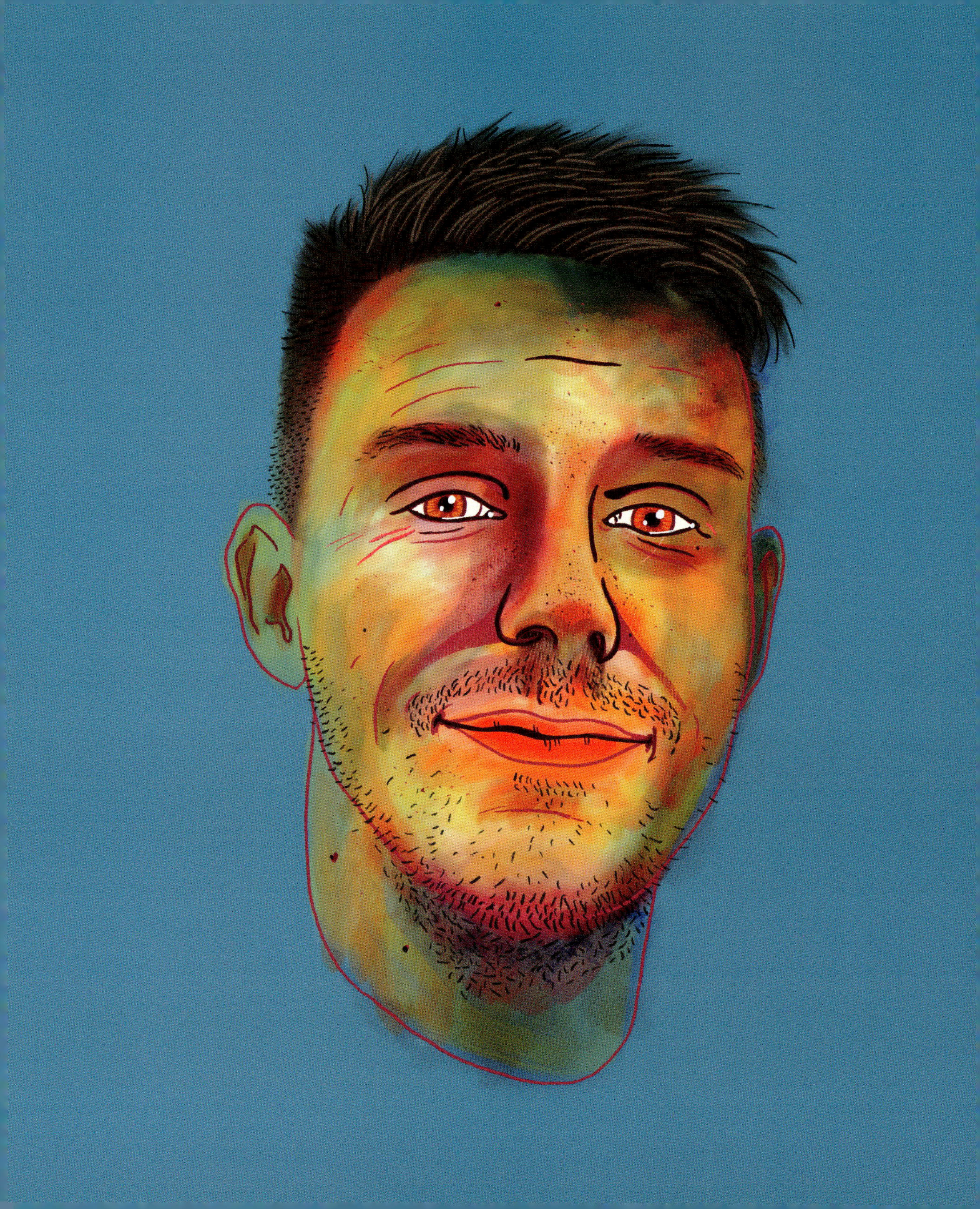

Tom, 34
Bookseller | Gwerthwr Llyfrau

I've always loved the rain, even when I was little - sitting in my grandmother's conservatory listening to it coming down. Tracing the lines forming like motorways as the drops merged together on the glass. Now... you'll expect me to say I love the rain for how it helps the land to grow and for how it cleanses etc, but I love the rain for how simply it can absolve you of commitment.

"Oh I can't mow the lawn today, it's raining."

"Let's not go out today, look at the weather."

The rain stops life in its tracks. Life gets paused in the rain and I love that. In fact, I'm saying this whilst a big storm rages, and already I'm thinking of all the things I won't have to do now.

Wy'n caru'r glaw ers erioed, hyd yn oed pan o'n i'n fach – yn eistedd yn conservatory Mam-gu yn gwrando arno fe'n dod lawr. Yn dilyn y llinelle'n llifo fel traffyrdd wrth i'r diferion olchi mewn i'w gilydd ar y gwydr. Nawr... mae'n siŵr bod ti'n disgwyl i fi weud bod fi'n caru'r glaw achos bod e'n helpu'r tir i dyfu ac yn golchi beie ac yn y blaen, ond wy'n caru'r glaw achos mor rwydd ma fe'n gallu dy ryddhau di o beth o't ti fod i neud.

"O galla i ddim torri'r lawnt heddi, mae'n bwrw."

"Beth am beidio mynd mas heddi, 'drych ar y tywydd."

Mae'r glaw yn neud i fywyd sefyll yn ei unfan. Ma bywyd yn cael ei roi ar pause yn y glaw a wy wrth 'y modd 'da hwnna. A bod yn onest, wy'n gweud hyn tra ma 'na storom fawr yn chwythu, a'n barod wy'n meddwl am yr holl bethe fydd dim raid fi neud nawr.

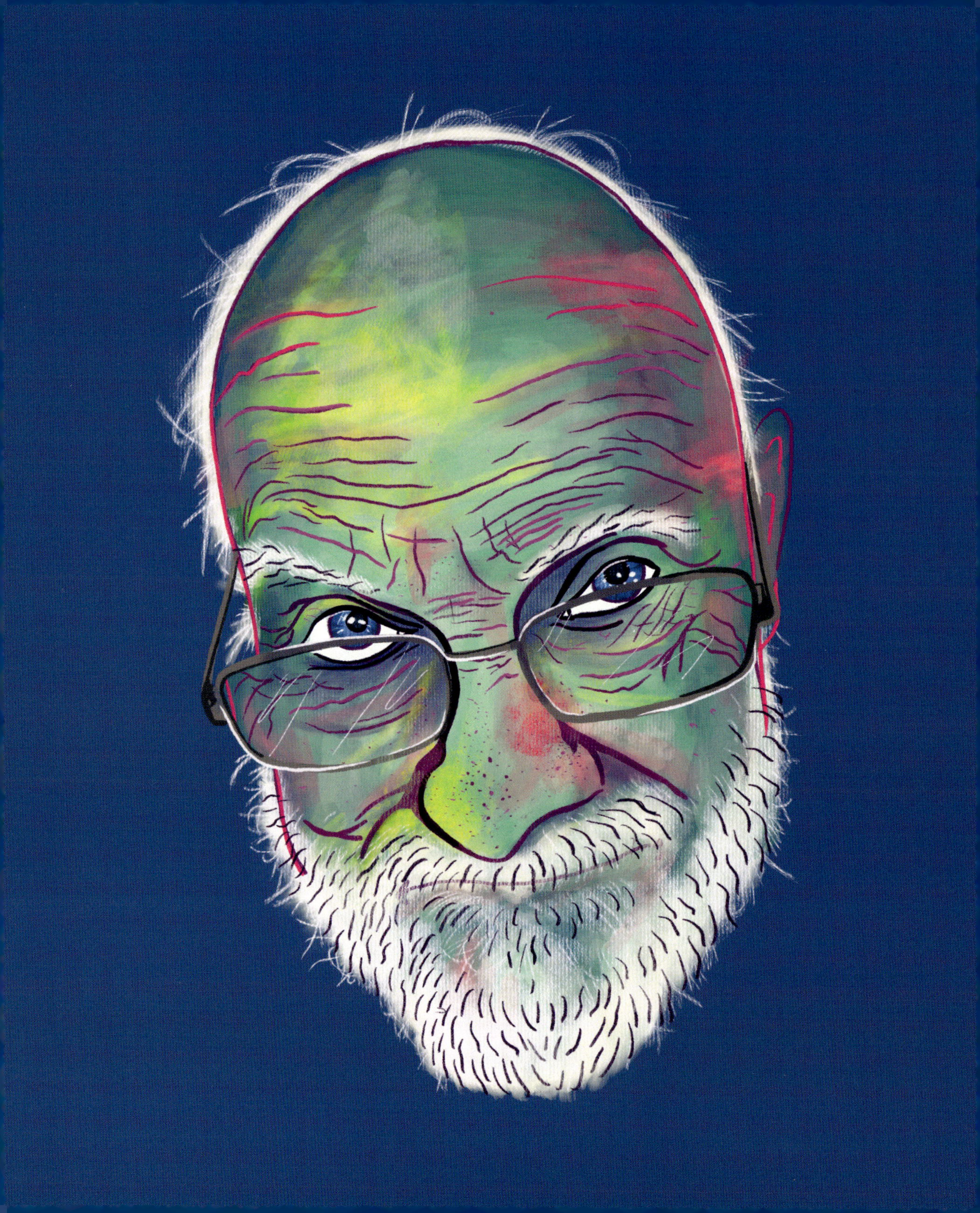

Roge, 70
Volunteer | Gwirfoddolwr

I had gerbils, Tom and Jerry, but I couldn't take care of them when I went to the hospital. I had to give them to one of the nurses that took care of me, I was sad to lose them.

I can't have a cat or a dog because of my disability, but I can have goldfish. I have 6 Shubunkin goldfish. When I come and tap on the glass, they come up to the top to see me, especially at food time. When I come back after being away for a long time, they're really friendly.

I bet they miss me when I'm away.

O'dd gerbils 'da fi, Tom a Jerry, ond o'n i ddim yn gallu edrych ar eu holau nhw pan es i mewn i'r ysbyty. O'dd raid i fi roi nhw i un o'r nyrsys o'dd yn edrych ar 'yn ôl i, o'n i'n drist i'w colli nhw.

Gallai ddim cael ci na cath achos 'yn anabledd i, ond gallai gael pysgod aur. Ma 'da fi whech Shubunkin goldfish. Pan 'y fi'n tapo ar y gwydr, ma nhw'n dod lan i'r top i'n weld i, yn enwedig pan ma ddi'n amser bwyd. Pan fi'n dod nôl ar ôl bod bant am amser hir, ma nhw wir yn gyfeillgar.

Beta'i bod hiraeth 'da nhw amdano fi pan 'y fi bant.

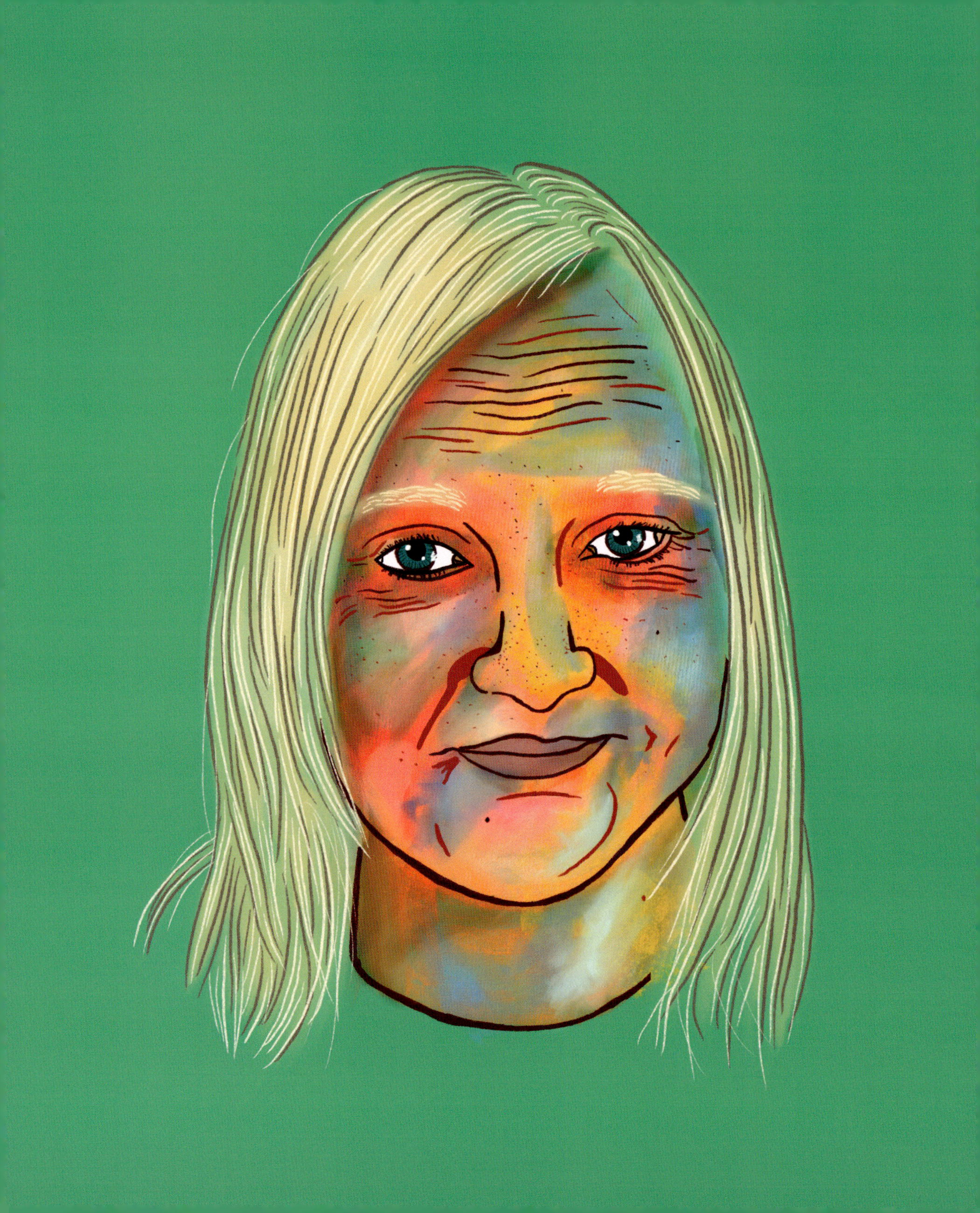

Lyndsey Davies, 36
Volunteer for The Salvation Army | Gwirfoddolwr i'r Salvation Army

I love helping people and volunteering for The Salvation Army - to give something back. It makes me feel good helping people and being there for my friends. I like to help anyone. Volunteering and attending support groups gives me something to do, and it really helps me too.

Dw i wrth fy modd yn helpu pobl ac yn gwirfoddoli i'r Salvation Army – rhoi rhywbeth yn ôl. Mae'n gwneud i fi deimlo'n dda, helpu pobl a bod yno i fy ffrindiau. Dw i'n hoffi helpu unrhyw un. Mae gwirfoddoli a mynd i grwpiau cymorth yn rhoi rhywbeth i mi wneud, ac mae'n fy helpu i yn fawr hefyd.

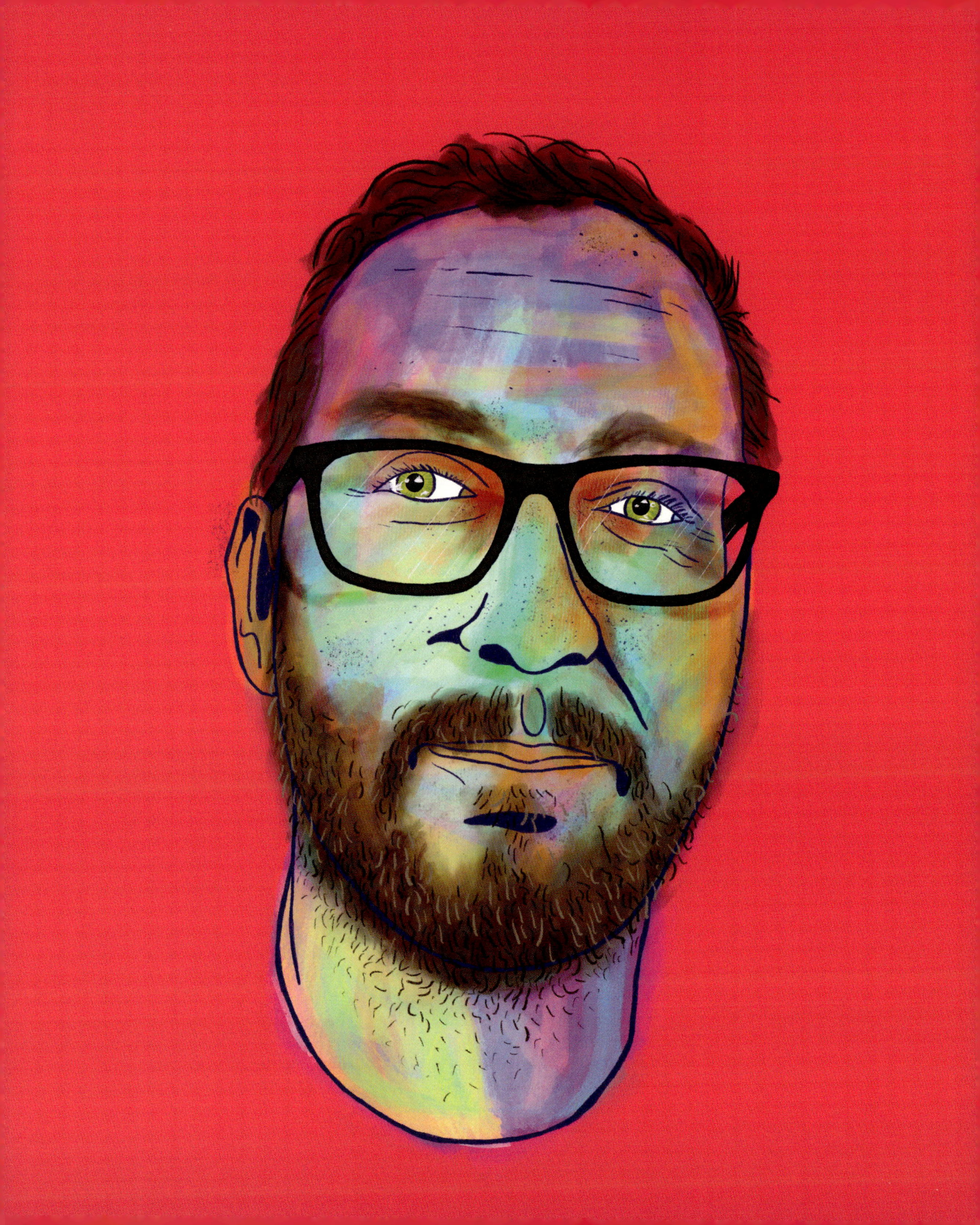

David Beckett, 40
Statistician | Ystadegydd

We ended up meeting a group of people who are largely Spanish because of an Italian chap that my partner, Iria, worked with. We went down to Tiny Rebel, and I went and spoke to this guy, he had the broadest of Welsh accents, and I thought oh he's from the valleys, very obviously from here. And then he met Iria, who is spanish, and he just lunged into speaking Spanish, and I was like fucking hell, wasn't expecting that in the slightest!

He was a really nice guy. Very spritely. Very well dressed. This chap just exuded sartorial elegance and confidence. He spoke with Iria, and explained that during the Spanish Civil War, his mother was moved away, and one of the major places - certainly in Wales and the South West of England - that sited the people who were effectively refugees, was Caerleon. He was born in Wales, but he was taught to speak Spanish by his mum. I think a lot of the people that were moved to Caerleon ended up speaking Welsh or English, so they weren't in the habit of speaking Spanish, or at least what they all did was speak Spanish like their mothers or fathers did.

The way he was speaking Spanish to Iria, was like how people would speak Spanish a hundred years ago. I didn't pick up on this, I was like, oh you speak authentic Spanish, fucking hell, fair enough, but Iria was telling me afterwards that he spoke very good Spanish. He was using all of these odd anachronistic expressions. It was just this weird concept that this guy with a broad Welsh accent was speaking Spanish in the way he did, but his mother was removed from Spain because of war. It was beautiful to be able to meet him. Just a guy from Caerleon - with this unexpected heritage from the Basque Country.

Yn y diwedd cwrddon ni â criw o bobl sy'n dod o Sbaen gan fwya achos y boi 'ma o'r Eidal o'dd 'y mhartner i, Iria, yn gweithio 'da fe. Aethon ni lawr i Tiny Rebel, ac es i i siarad 'da'r boi 'ma, o'dd gyda fe acen Gymreig mor gryf, ac o'n i'n meddwl, O ma fe o'r cymoedd, yn hollol amlwg o fan hyn. A wedyn cwrddodd e ag Iria, sy'n dod o Sbaen, a naeth e jest dechrau siarad Sbaeneg full speed, ac o'n i fel, fucking hell, o'n i'm yn disgwyl hynna!

O'dd e'n foi rili neis. Llawn egni. Smart iawn. O'dd y boi 'ma jest yn diferu o hyder tawel a mor drwsiadus. Siaradodd e 'da Iria, ac esbonio bod ei fam e 'di cael ei symud i ffwrdd yn ystod Rhyfel Cartref Sbaen, ac un o'r prif lefydd – yn bendant yng Nghymru a de-orllewin Lloegr – ble o'n nhw'n rhoi'r bobl oedd yn ffoaduriaid yn y bôn, oedd Caerleon. O'dd e 'di eni yng Nghymru, ond dysgodd e siarad Sbaeneg 'da'i fam. Fi'n meddwl bod lot o'r bobl gath eu symud i Gaerleon wedi diweddu lan yn siarad Cymraeg neu Saesneg, so o'n nhw ddim yn arfer siarad Sbaeneg lot, neu o leiaf beth o'n nhw i gyd yn neud o'dd siarad Sbaeneg fel o'dd eu mamau neu tadau nhw'n neud.

Y ffordd o'dd e'n siarad Sbaeneg gyda Iria, o'dd e fel sut bydde pobl yn siarad Sbaeneg gan mlynedd yn ôl. Nes i ddim deall hynna. O'n i fel, O ti'n siarad Sbaeneg yn iawn, fucking hell, chware teg, ond o'dd Iria'n dweud 'tho fi wedyn ei fod e'n siarad Sbaeneg da iawn. O'dd e'n defnyddio llwyth o'r ymadroddion anachronistic od 'ma. O'dd e jest y peth rhyfedd 'ma bod y boi 'ma o'dd â acen Gymreig gryf yn siarad Sbaeneg yn y ffordd o'dd e'n neud, ond bod ei fam e 'di cael ei symud o Sbaen achos rhyfel. O'dd hi'n hyfryd gallu cwrdd â fe. Jest y boi 'ma o Gaerleon - 'da'r dreftadaeth annisgwyl 'ma o Wlad y Basg.

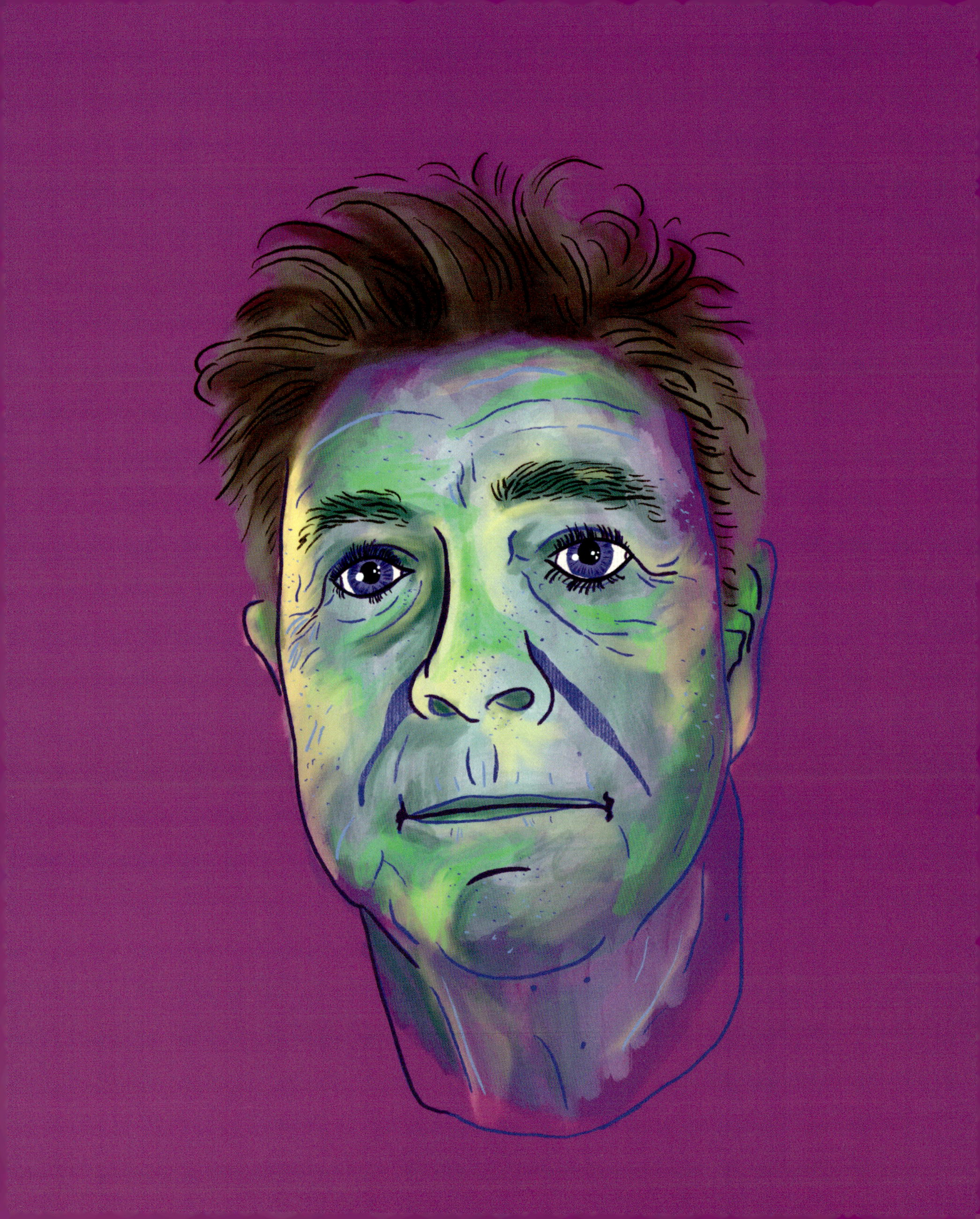

Lozy, 67
Pensioner | Pensiynwr

I heard you saying about fishing. What do you like about it? Because I found it fucking boring!

It was my Step Dad's funeral today, and at the crematorium we was chatting about when we knew that he was dying and we would go round to see him. He didn't know he was dying, but yeah we went round with my brother and my nephew and we was talking about them all going fishing.

My step dad would be stood on the bridge, and underneath the bridge would be his son and grandson, and every now and again, they'd tug on his line. And he's all like "phwoarr!!!" pulling the line up thinking he caught a fish! They did that for years.

He had a face like thunder when he found out, but god it was funny haha... the bastards.

Nes i glywed ti'n gweud am bysgota. Beth ti'n lico amdano fe? Cos o'n i'n ffindo fe'n fucking boring!

O'dd angladd 'yn step dad i heddi, ac yn y crem o'n ni'n siarad am pan o'n ni'n gwbod bod e'n marw a bydden ni'n mynd rownd i weld e. O'dd e ddim yn gwbod bo fe'n marw, ond ie aethon ni rownd 'da mrawd a'n nai i ac o'dd e'n siarad amano nhw gyd yn mynd i bysgota.

Bydde'n step dad yn sefyll ar y bont, a dan y bont bydde'i fab a'i ŵyr e, a bob nawr ac yn y man, bydden nhw'n tynnu ar ei lein e. A ma fe fel "phwoarr!!!" yn tynnu'r lein lan yn meddwl bo fe 'di dala pysgodyn. Naethon nhw 'na am flynydde.

O'dd e'n wyllt gacwn pan ffindodd e mas, ond god o'dd e'n ffynni haha... y bastards.

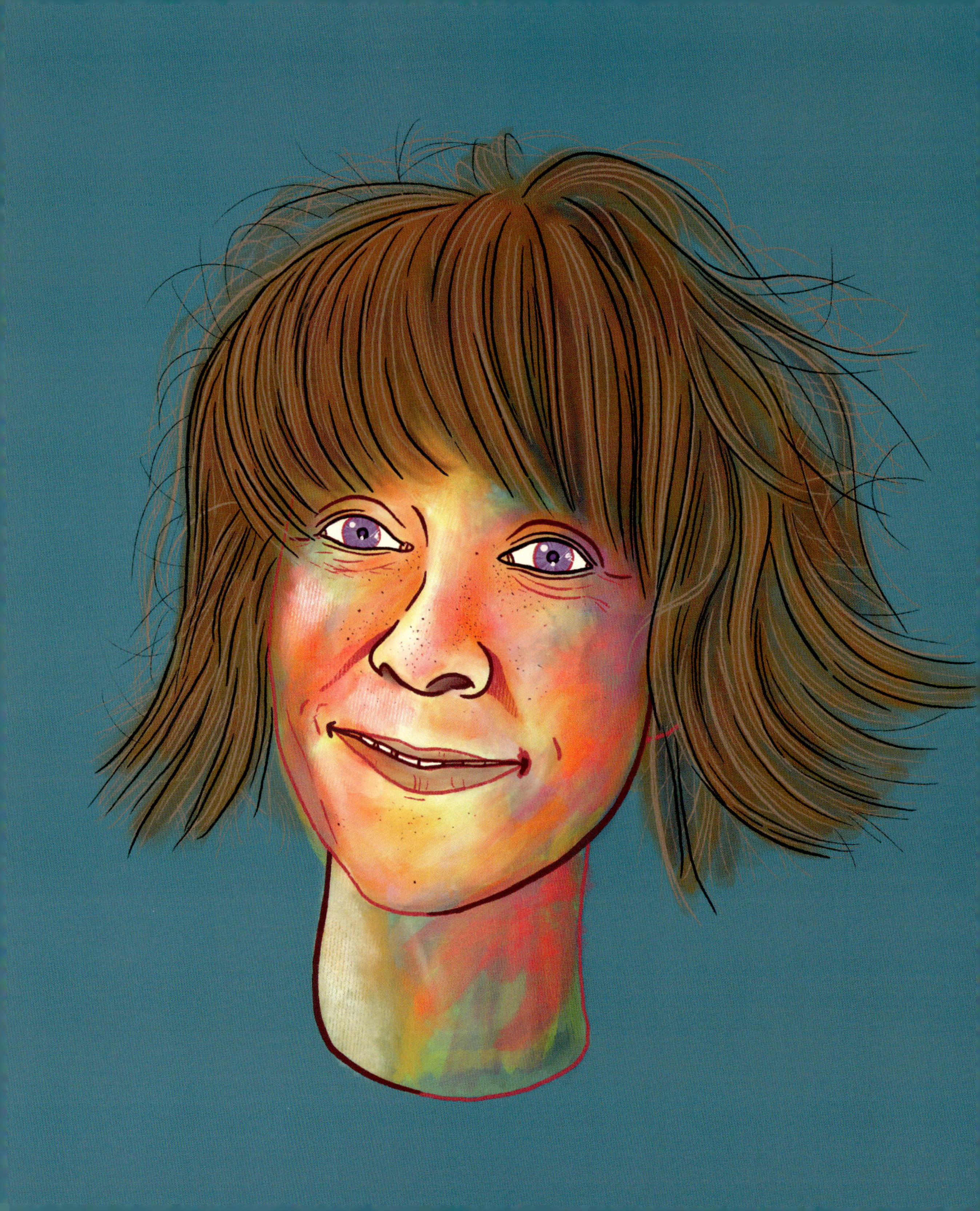

Samantha Rose Wheeler
Co-Founder & Director | Cyd-sylfaenydd a Chyfarwyddwr

Today, I feel I know myself; that I'm deeply in tune with myself. Mind and body.

Becoming a Mamma has changed me completely, to my core. I am a better person because of her. I want to be a better person for her. I am always working on myself because I want to be the best version of myself for her.

Parenting is really demanding, it requires self reflection, learning, and evolving. But, it is our responsibility. We all have a responsibility - to others and to the world around us - to be better. Better for the next generation.

Why are we not being better for them?

Heddiw dwi'n teimlo fel mod i'n nabod 'yn hun; mod i mewn tiwn yn llwyr gyda'n hun. Gorff ac enaid.

Mae bod yn fam wedi'n newid i'n llwyr, bob gewyn ohona i. Dwi'n berson gwell o'i herwydd hi. Dwi eisiau bod yn berson gwell er ei mwyn hi. Dwi o hyd yn gweithio arna fi'n hun achos dwi eisiau bod y fersiwn gorau o'n hun iddi hi.

Mae bod yn rhiant yn cymryd lot allan ohonot ti, mae'n gofyn edrych tu fewn i ti dy hun, dysgu, ac esblygu. Ond ein cyfrifoldeb ni yw e. Mae cyfrifoldeb gyda ni gyd – i bobl eraill ac i'r byd o'n cwmpas ni – i fod yn well. Yn well er mwyn y genhedlaeth nesa.

Pam nad y'n ni'n bod yn well iddyn nhw?

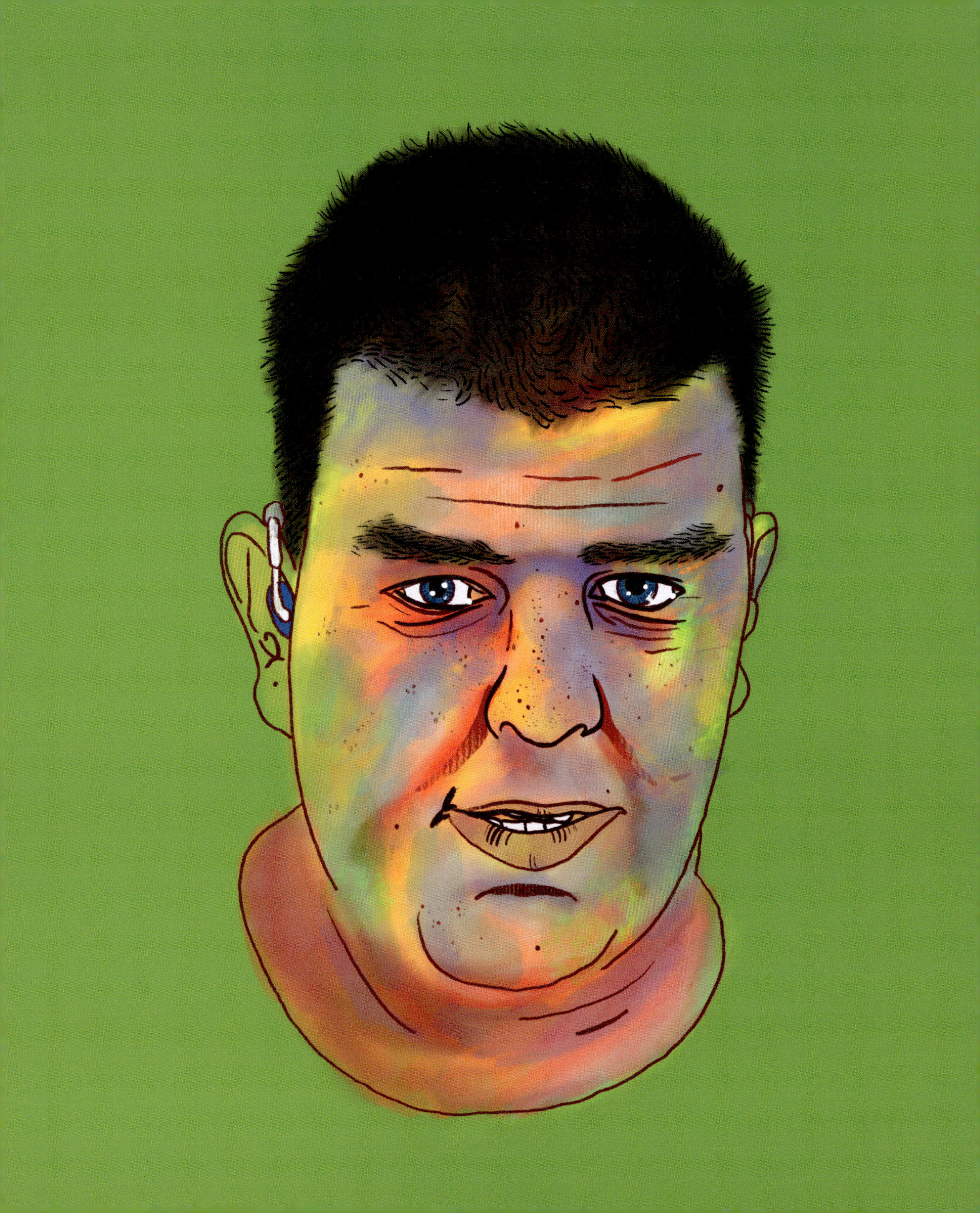

Connor, 27

My greatest achievement in life is being born with disabilities and being told I would never walk, talk, or eat solid food - but actually, I can do all of those things.

When someone came to measure me for my wheelchair, I was walking around the room.

Y peth mwya dwi 'di gyflawni yn 'y mywyd yw cael fy ngeni gyda anableddau a clywed y baswn i byth yn cerdded, siarad, na bwyta bwyd solid – ond yn y diwedd, dwi'n gallu gwneud y pethau yna i gyd.

Pan ddaeth rhywun i fy mesur i am gadair olwyn, o'n i'n cerdded o gwmpas y stafell.

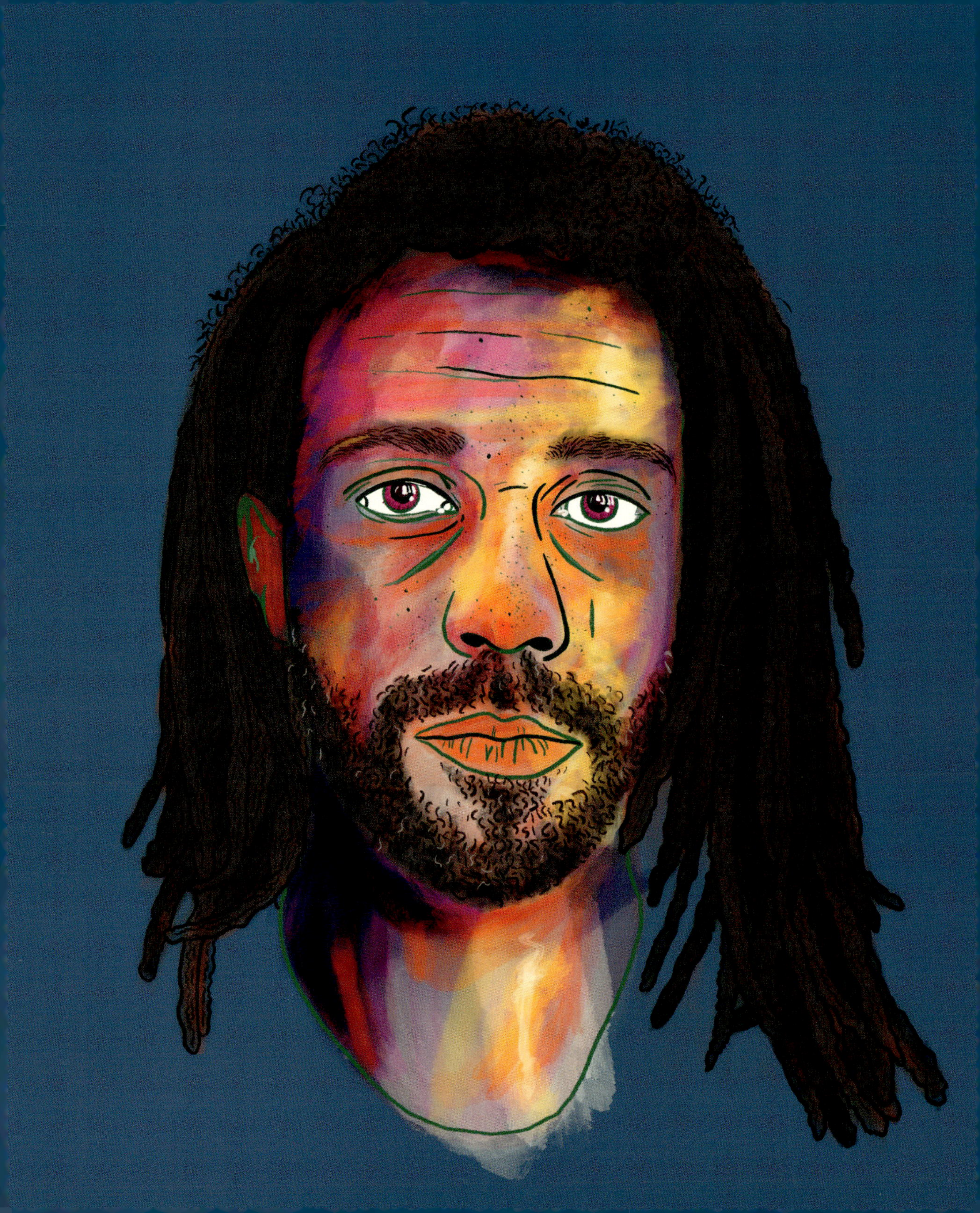

Mohannad Bashir, 34
Musician & Activist | Cerddor ac Ymgyrchydd

Maybe I'm taking the skills and the confidence from being on stage with my band 'Torchbearer', and using that as a skill to transfer over to my campaigning. Because, outside of my music, I've been very blessed to take the stage and go and speak at different events, about police brutality, about racism... because I'm the lead campaigner for 'Justice for Mouayed Bashir'. Mouayed Bashir is my brother, and sadly Mouayed Bashir died after police contact here in Newport - in Maesglas to be more precise, in the family home - back on the 17th February of 2021.

After what happened, I packed my stuff and moved from London back to Newport to be with the family to support them during that difficult time... because the first year is always rough. I've never been the type of person who, y'know, speaks with a microphone in front of hundreds, a handful, or even thousands of people... or, you know, even going to demonstrations, or going to marches - that's just not me. My stage is with my guys - with my band - and my voice is my bass guitar. So to swap that, and go solo, just using the mic, and using my thoughts, and my feelings, and the facts and figures about what's happening with regards to police brutality here in the UK... it's a learning curve. And I had to learn on the spot, taking it one day at a time, one step at a time. So yeah, taking that out there, speaking at The Senedd, speaking outside Number 10, speaking outside Parliament, going to demos, and marches, dealing with the media... it's a different world.

But it's driven by a passion, because he's my blood, he's my brother. He was the second born in the family. We were a family of 5, but now we're down to 4... Mouayed was my best friend when we were little. We were like Tom and Jerry always causing problems around the house. Haha. Bless, my mum had to deal with a lot of stuff, y'know, dealing with 3 boys.

Falle bod fi'n cymryd y sgiliau a'r hyder o fod ar y llwyfan gyda mand i, 'Torchbearer', a'n defnyddio hynna fel sgil i drosglwyddo i'n ymgyrchu i. Achos, tu fas i ngherddoriaeth i, dwy 'di bod yn ddigon ffodus i fynd ar y llwyfan a siarad mewn digwyddiadau gwahanol, am greulondeb yr heddlu, am hiliaeth... achos fi yw'r prif ymgyrchydd ar gyfer 'Justice for Mouayed Bashir'. Mouayed Bashir yw mrawd i, a buodd Mouayed Bashir farw ar ôl dod i gyswllt â'r heddlu fan hyn yng Nghasnewydd – yn Maesglas i fod yn benodol, yng nghartref y teulu – nôl ar 17 Chwefror 2021.

Ar ôl beth ddigwyddodd, paciais i mhethau a symud o Lundain nôl i Gasnewydd i fod 'da'r teulu i'w cefnogi nhw drwy'r cyfnod anodd yna... achos mae'r flwyddyn gyntaf bob amser yn galed. O'n i byth y math o berson sy, timod, yn siarad drwy'r meic o flaen cannoedd, llond llaw, neu hyd yn oed miloedd o bobl... ond, timod, mynd i brotestiadau neu ar orymdeithiau – dyw hynna jest ddim yn fi. 'Yn llwyfan i yw 'da'r bois – 'da'r band – a'n llais i yw'r gitâr fas. Felly i newid hynna, a mynd yn solo, jest defnyddio'r meic a defnyddio'n meddyliau i, a nheimladau i, a'r ffeithiau a'r ffigyrau am beth sy'n digwydd o ran creulondeb yr heddlu fan hyn yn y Deyrnas Unedig... ma fe'n learning curve. Ac o'dd rhaid i fi ddysgu yn y fan a'r lle, cymryd pethau un dydd ar y tro, un cam ar y tro. So ie, mynd â hynna mas fynna, siarad yn y Senedd, siarad tu fas i Rif 10, siarad tu fas i'r Tŷ Cyffredin, mynd i demos, a gorymdeithiau, delio 'da'r cyfryngau... ma fe'n fyd gwahanol. Ond ma fe 'di yrru gan gariad, achos ma fe'r un gwaed â fi, ma fe'n frawd i fi. Fe oedd yr ail blentyn yn y teulu. O'n ni'n deulu o 5, ond nawr ni lawr i 4...

Mouayed oedd 'yn ffrind gorau i pan o'n ni'n fach. O'n ni fel Tom and Jerry, wastad yn creu problemau rownd y tŷ. Haha. Druan â hi, o'dd raid i Mam ddelio 'da lot o stwff, timod, delio 'da 3 bachgen.

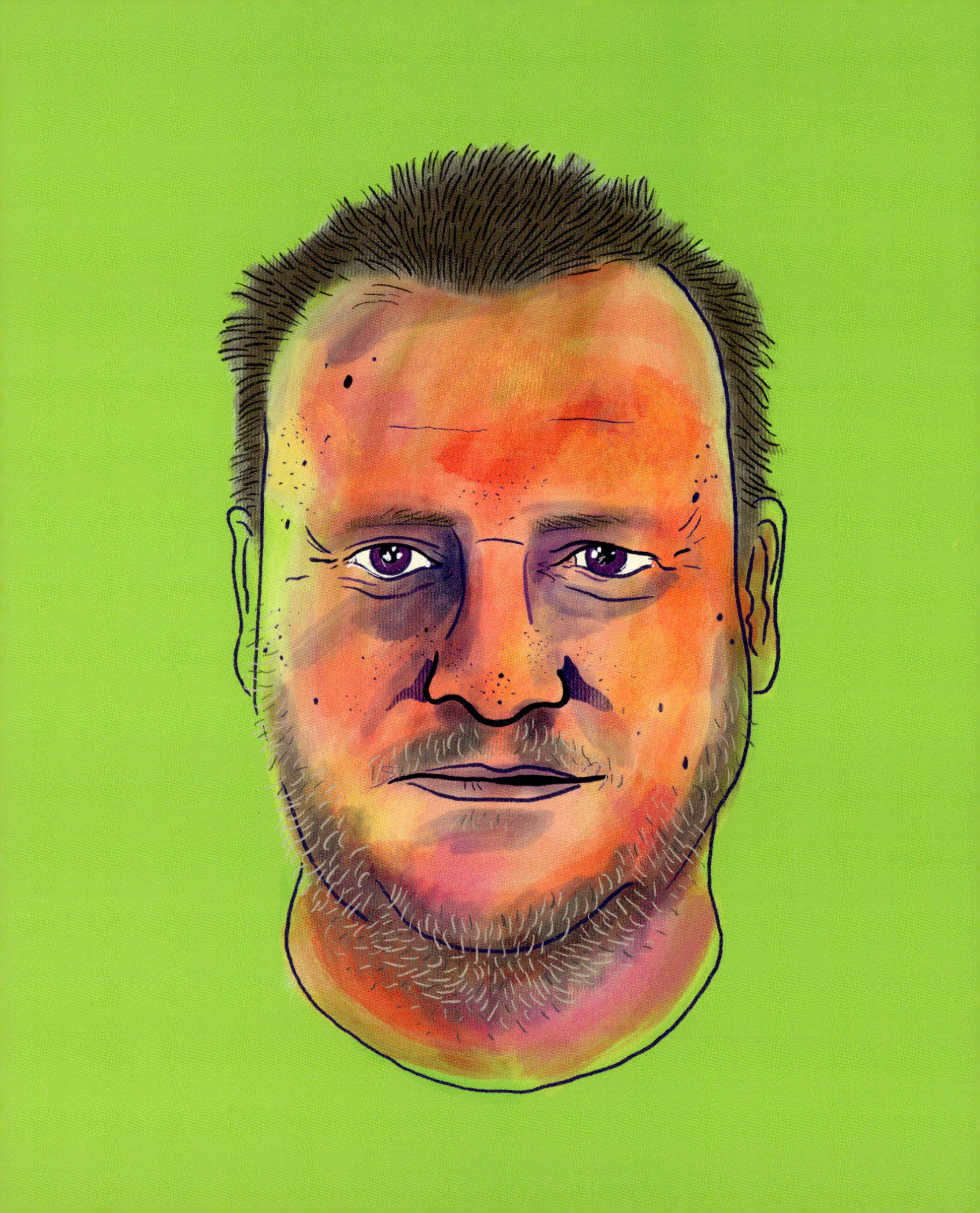

Mark, 58

When I was about 7 years old, I went to the top of the Transporter Bridge with my grandfather. I really enjoy going to different places around Newport - like Tredegar House, Zanzibar Night Club, Rodney Parade, and Belle Vue Park. Sadly, some of these places have closed down now...

Pan o'n i tua saith oed, es i i ben pont y Transporter gyda Tad-cu. Dwi wir yn mwynhau mynd i lefydd gwahanol o gwmpas Casnewydd – fel Tŷ Tredegar, Clwb Nos Zanzibar, Rodney Parade, a parc Belle Vue. Yn anffodus mae rhai o'r llefydd yma wedi cau nawr...

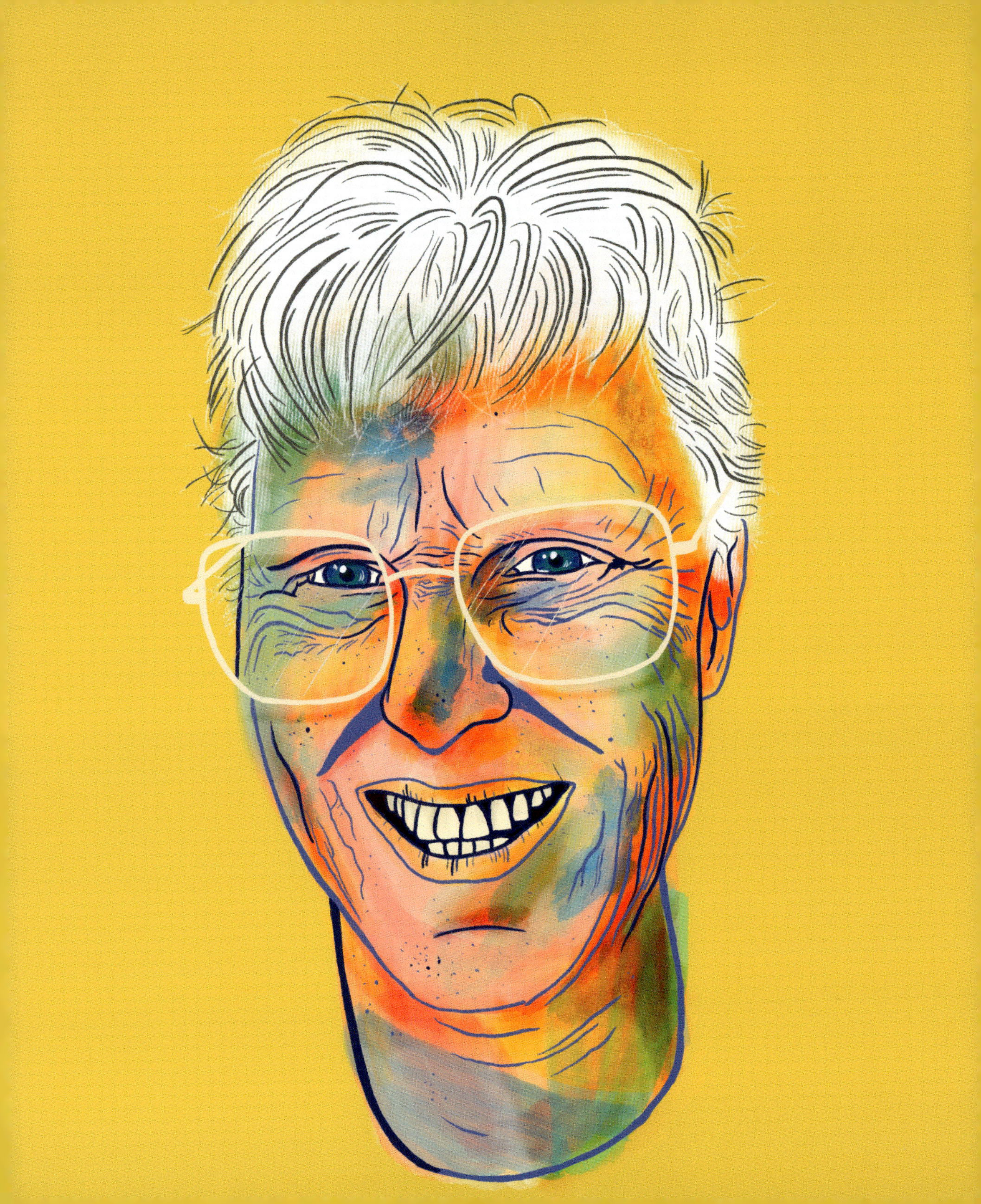

Gail Morgan, 63
Retired Gardener | Garddwr wedi Ymddeol

We both had the same job, we were both trolley stewards. He took me out and showed me the job, and I came back and thought, oh god, he's lovely!

When I worked in the office with him, I found out that he was in a relationship. I always had a soft spot for Paul, and about 2 years later he told me he had a soft spot for me. I said "we aren't going there... you leave, and then we'll think about it...". It took him to leave until we got involved with each other. We've been together 18 years, but he always thought I was above his station. He always put me up on a pedestal. He says he's learned better since then! I'm more down to earth than he thought. We've been lucky like that in life, we have. After 14 years he left her, and then we got together, and she used to follow me around in the pubs and would try and throw drinks at me and all that. We had a load of great friends on the railway, and they used to go to the Arch - the gay club - and they said come up there instead, she won't even know you're up there, so we did and we had great times! We had massive circles of gay friends - we've been to more gay weddings than we have straight ones! All over the country!

The railway connects you with people over here, over there. We used to get invited to everyone's Christmas do's, don't tell anyone else though. So yeah, we're gadabouts we are. We know all sorts!

O'dd y ddau o ni'n gweithio'r un job, o'n ni'n trolley stewards. Ath e â fi mas i ddangos y job i fi, a des i nôl a meddylies i, oh god, ma fe'n lyfli!

Pan o'n i'n gweithio'n y swyddfa 'da fe, ffeindes i mas bod e mewn perthynas. O'dd wastad soft spot 'da fi am Paul, a tua dwy flynedd wedi 'ny wedodd e 'thai bod 'da fe soft spot amdano fi. Wedes i "so ni'n mynd fynna... gadawa di, a wedyn newn ni feddwl bytu fe...". Gymrodd e tan iddo fe adel i ni ddechre mynd mas. Y'n ni 'di bod 'da'n gilydd ers 18 mlynedd, ond o'dd e wastad yn meddwl bod fi'n well na fe. O'dd e wastad yn rhoi fi lan ar pedestal. Ma fe'n gweud bod e 'di dysgu'n well ers 'ny! Fi'n fwy down to earth nag o'dd e'n meddwl. Ni 'di bod yn lwcus fel'na mewn bywyd, timod. Nath e adel hi ar ôl 14 mlynedd, a wedyn dethon ni 'da'n gilydd, ac o'dd hi arfer dilyn fi rownd yn y pubs a bydde hi'n trio twlu diodydd drosto fi a 'na'i gyd. O'dd 'da ni loads o ffrindie da ar y rheilffordd, a o'n nhw'n arfer mynd i'r Arch – y gay club – a wedon nhw dewch lan fynna yn lle, fydd hi ddim yn gwybod bod chi lan 'na, so naethon ni a gethon ni amseroedd ffab! O'dd 'da ni griwie mawr o ffrindie hoyw – ni 'di bod i fwy o briodase hoyw na rhai straight! Dros y wlad i gyd!

Ma'r rheilffordd yn cysylltu chi 'da pobl dros y lle. O'n ni'n arfer cal ein gwahodd i partis Nadolig pawb, paid gweud 'tho neb arall ddo. So ie, ni'n real gadabouts, timod. Ni'n nabod pob math!

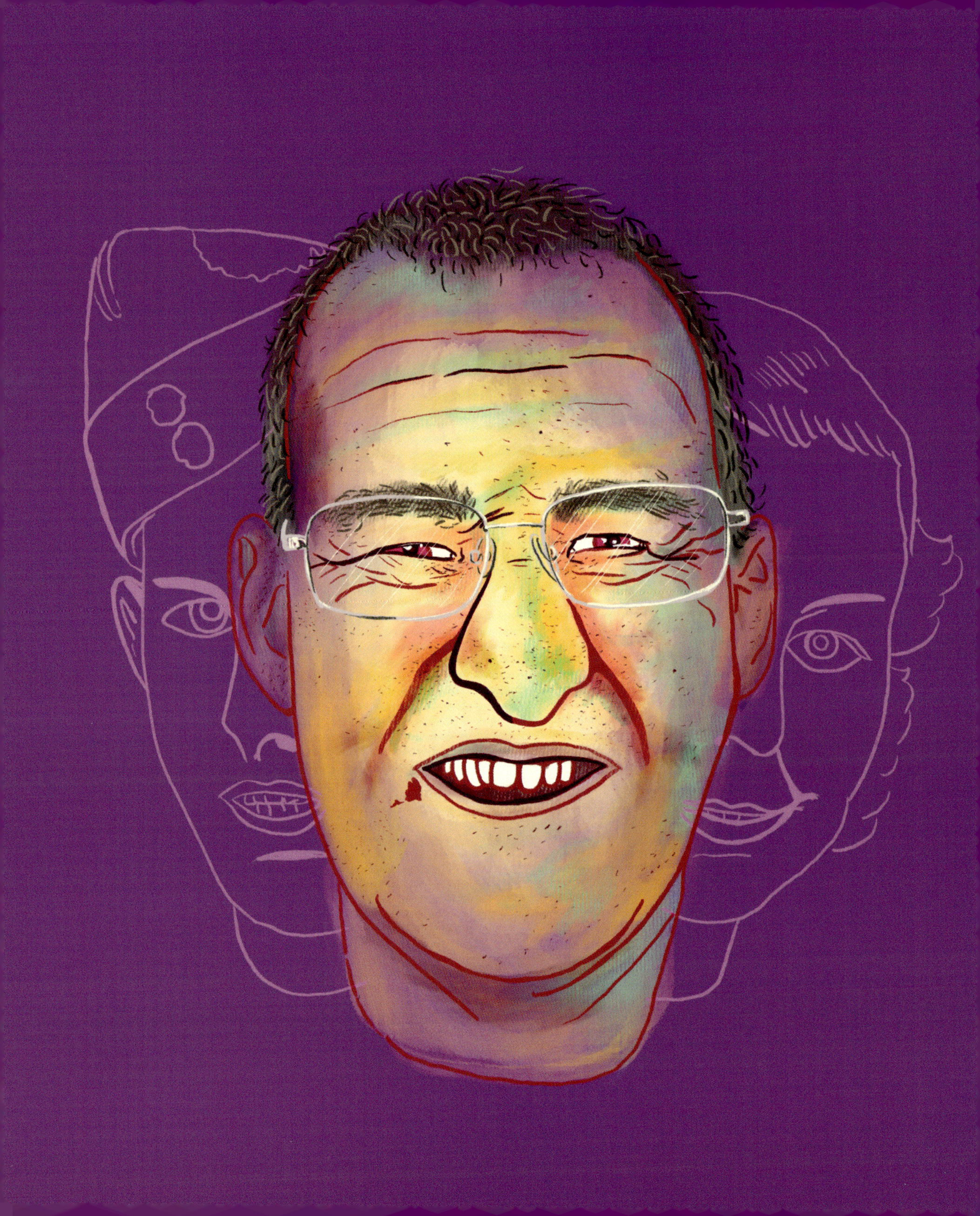

Kevin, 58
Gardener | Garddwr

Sometimes people tell me I can't, but I can. Kevin can do things!

When I had my first COVID jab, I went home and fell asleep in my chair. I felt a hand touch me on my arm to wake me up. Sometimes my dreams feel very real. The house I am living in now appeared in one of my dreams. I had a nightmare that it had been demolished, and on a big field near where I live was this tent on a big slope... and I could see that my mother and father were living in it. They said to me that they had to stay there and that they couldn't come home.

I received a letter from the D.W.P. and it was upsetting what they wrote. I saw my mother out the back window and I told her that people were picking on me - and then she vanished.

Even now, I know that she is around the house watching over me.

Weithiau ma pobl yn gweud 'thai soi'n gallu, ond wy'n gallu. Ma Kevin yn gallu neud pethe!

Pan ges i'n jab COVID cynta i, es i gytre a cwmpo i gysgu yn 'yn gader i. Teimles i law ar 'y mraich i i'n ddihuno i. Weithiau ma'n freuddwydion i'n teimlo'n real iawn. Ma'r tŷ wy'n byw ynddo fe nawr, nath e ymddangos yn un o'n freuddwydion i. Ges i hunlle bo fe 'di cael ei ddymchwel, ac ar gae mawr ar bwys ble wy'n byw o'dd y babell 'ma ar riw fawr... ac o'n i'n gallu gweld bod 'yn fam a'n dad i'n byw ynddo fe. Wedon nhw 'tho fi bod raid i nhw aros 'na a bod nhw'm yn gallu dod gytre.

Ges i lythyr wrtho'r D.W.P. a nath e'n ypsetio i beth sgrifennon nhw. Weles i'n fam i mas o ffenestr y bac a wedes i 'tho hi bod pobl yn pigo arno'i – ac wedyn diflannodd hi.

Hyd yn oed nawr, wy'n gwbod bod hi ambytu'r tŷ yn edrych drosto'i.

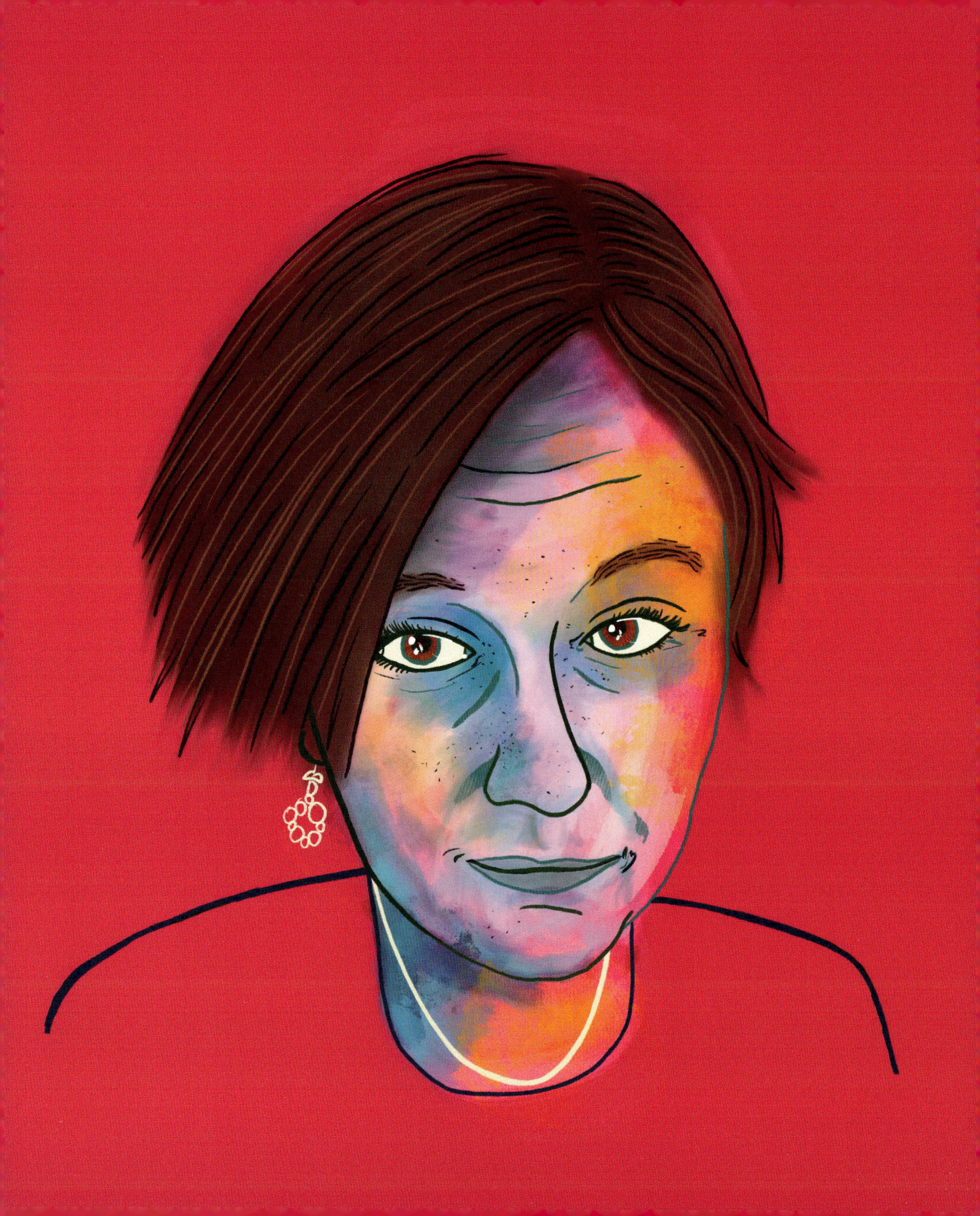

Tes, 40
Office Worker | Gweithiwr Swyddfa

I was 4 years old when I moved to the Welsh valleys. I still remember my Dad deciding we should climb the steepest mountain near our house that afternoon, to get me and my sister out from under my Mam's feet while she unpacked.

It was March, and it got dark a lot earlier than he expected. He was stuck halfway up a mountain in the dark with 2 small children. He must have been worried... but all I remember is him telling us silly stories, singing songs together, and him making us laugh. A few hours later, me and my sister were carried down the mountain by a policeman and a dog walker.

We walked that mountain many times with my dad over the years that followed, always on the main path and always in the light.

O'n i'n 4 oed pan symudais i i'r cymoedd. Dwy'n dal i gofio Dad yn penderfynu dylen ni ddringo'r mynydd mwyaf serth ar bwys ein tŷ ni y prynhawn yna, i'n gael i a'n chwaer mas o dan draed Mam tra ro'dd hi'n dadbacio.

O'dd hi'n fis Mawrth, ac fe aeth hi'n dywyll yn lot cynharach nag o'dd e 'di ddisgwyl. O'dd e'n styc hanner ffordd lan mynydd yn y tywyllwch gyda dau o blant bach. Ma raid bod e'n poeni... ond 'na'i gyd fi'n gofio yw fe'n dweud storïau sili i ni, canu caneuon 'da'n gilydd, a fe'n neud i ni chwerthin. Rai oriau wedyn, ces i a'n chwaer ein cario lawr y mynydd 'da plisman a rhywun o'dd mas yn cerdded eu ci.

Naethon ni gerdded y mynydd yna lot o weithiau gyda dad dros y blynyddoedd, bob tro ar y prif lwybr a bob tro yng ngolau dydd.

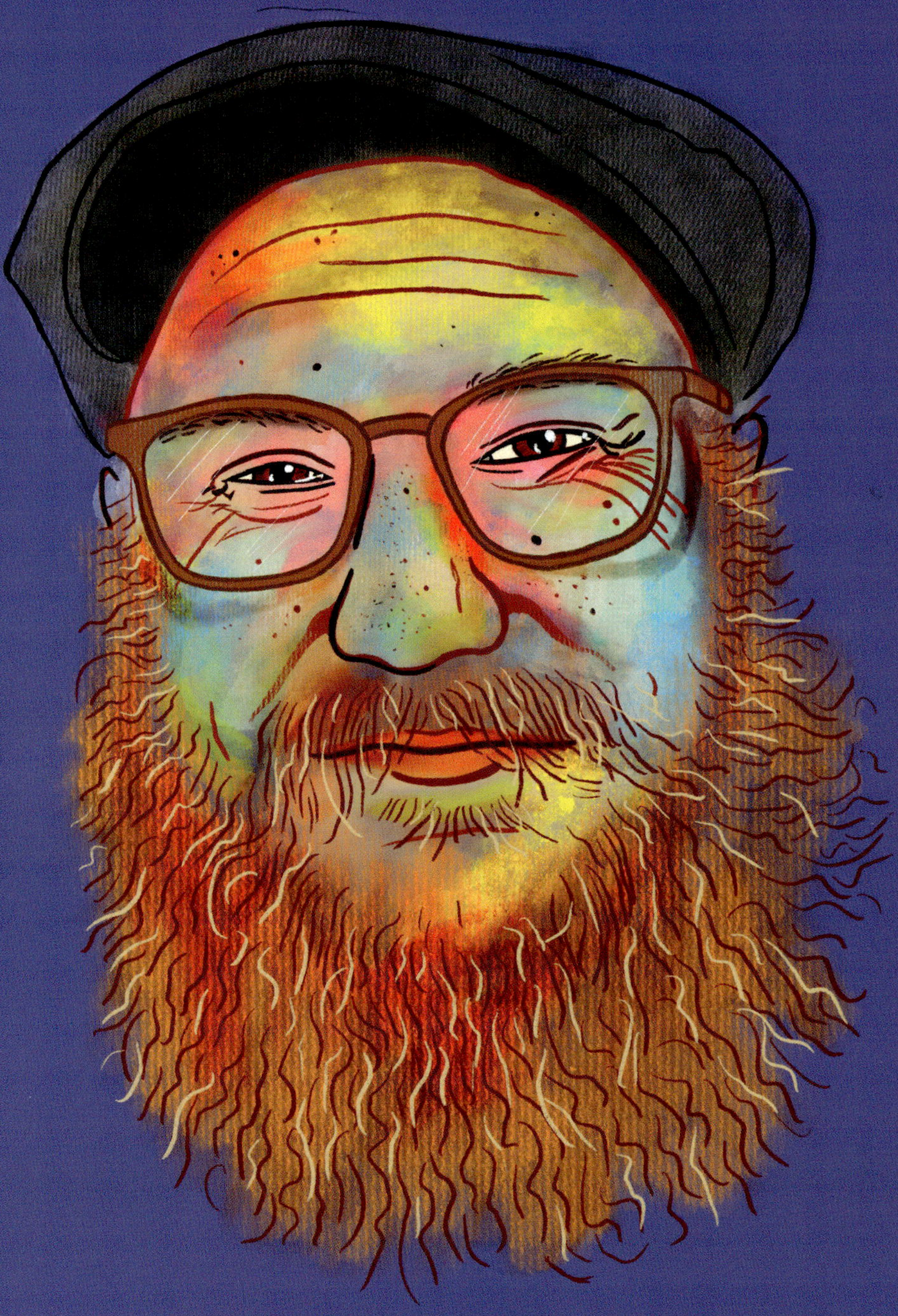

Max, 28
Shopkeeper | Perchennog Siop

Yeah, so I met Rodders on a night out. We argued, loudly and violently, the same point at each other. He told me about the Newport Gaming Club, which had only been going a couple of weeks at that point, and I got involved, and that's when I met Chris. The idea had always been to make it into a business, maybe a shop, and after a few years me and Chris were having a chat, his life circumstances had changed, and I was done with working at the pub, although the pay was nice as assistant manager, I wasn't going anywhere further with it, and the hours were getting in the way of me spending time with my wife. So when we were chatting, we said "So... should we shit or get off the pot?"

We opened in December 2020, just before going into the extended Christmas pandemic lockdown, so the timing was awful. We're still recovering from that lack of early growth. However, the community - especially at the gaming club - have been amazing, and they've really kept us going. The club is in its 10th year now, and the shop continues to grow, which is now in its 3rd year.

These tabletop games are inherently social, and people need community, which is why the physical shop is so important. You can order things online, but this industry lives or dies through the community that develops around it. Being able to talk to someone about your passion and to be able to play games together is so important.

Ie, so cwrddes i â Rodders ar noson mas. Fe naethon ni gwmpo mas, mewn ffordd fawr, yn neud yr un pwynt wrth ein gilydd. Dwedodd e wrtha'i am y Newport Gaming Club, oedd dim ond wedi bod yn mynd ers cwpwl o wythnosau bryd 'ny, a dechreuais i fynd, a dyna ble cwrddes i â Chris. Y syniad o'r dechrau oedd troi e'n fusnes, siop falle, ac ar ôl rhai blynyddoedd, o'n i a Chris yn cael chat, o'dd ei amgylchiadau fe 'di newid, ac o'n i 'di cael llond bola'n gweithio'n y tafarn, er bod y cyflog yn neis fel assistant manager, o'n i ddim yn mynd i unman 'da fe, ac o'dd yr oriau'n nadu fi rhag treulio amser 'da ngwraig i. Felly pan o'n ni'n siarad, dwedon ni "So... be ni am neud? Shit or get off the pot?"

Fe agoron ni mis Rhagfyr 2020, jest cyn mynd mewn i'r lockdown hir dros Nadolig, so o'dd yr amseru'n uffernol. Ni'n dal i fod yn diodde o'r twf araf cynnar 'na. Ond mae'r gymuned – yn enwedig yn y Gaming Club – wedi bod yn wych, ac ma nhw wir wedi cadw ni fynd. Mae'r clwb yn ei ddegfed blwyddyn nawr, a ma'r siop dal yn tyfu, ar ôl tair blynedd.

Ma'r gemau bwrdd 'ma, pethau cymdeithasol y'n nhw, a ma pobl angen cymuned, a 'na pam bod y siop mor bwysig. Ti'n gallu ordro pethau ar-lein ond mae'r diwydiant yma'n byw neu'n marw drwy'r gymuned sy'n datblygu o'i gwmpas e. Ma gallu siarad 'da rhywun am beth ti'n garu a gallu chwarae gemau 'da'ch gilydd mor bwysig.

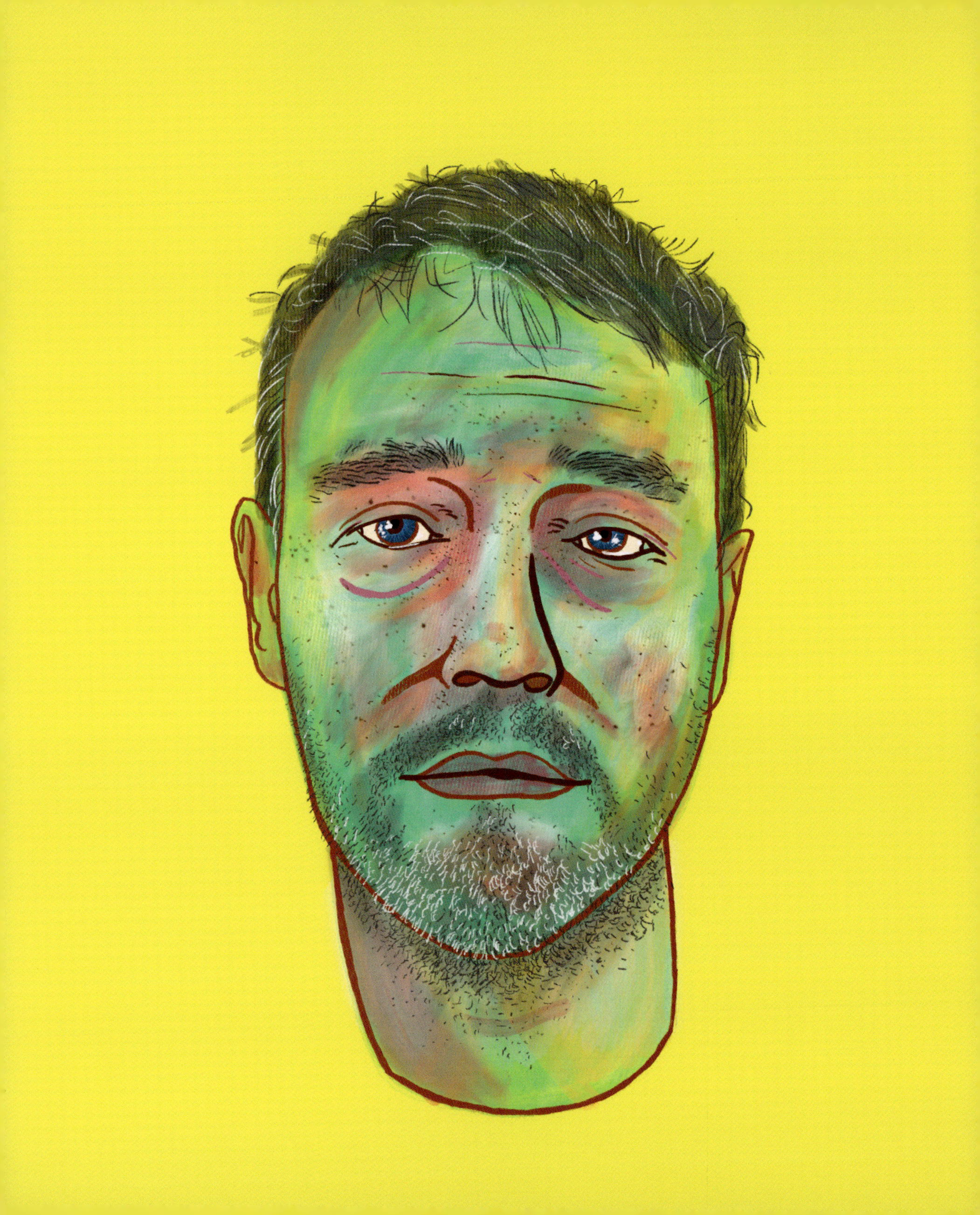

Jay, 44
Unemployed | Di-waith

I wish I had never pushed my girlfriend away. This is my biggest regret. A conflict I live with is my belief that I was not free - this belief seems real ...and the most scared I've been is believing I was in danger of my life - again, this belief seems real.

However, with all my troubles I hope to one-day become a counsellor.

Baswn i'n hoffi taswn i heb wthio fy nghariad i ffwrdd. Dyma'r peth dwi'n ei ddifaru fwya. Un o'r tensiynau dwi'n byw gyda nhw yw fy nghred nad o'n i'n rhydd – mae'r gred yma'n teimlo'n real ...a'r adeg pan roedd y mwya o ofn arna i oedd pan o'n i'n teimlo bod fy mywyd i mewn peryg – eto, mae'r gred yma'n teimlo'n real.

Ond, er gwaethaf fy holl drafferthion, dw i'n gobeithio bod yn gwnselydd rhyw ddydd.

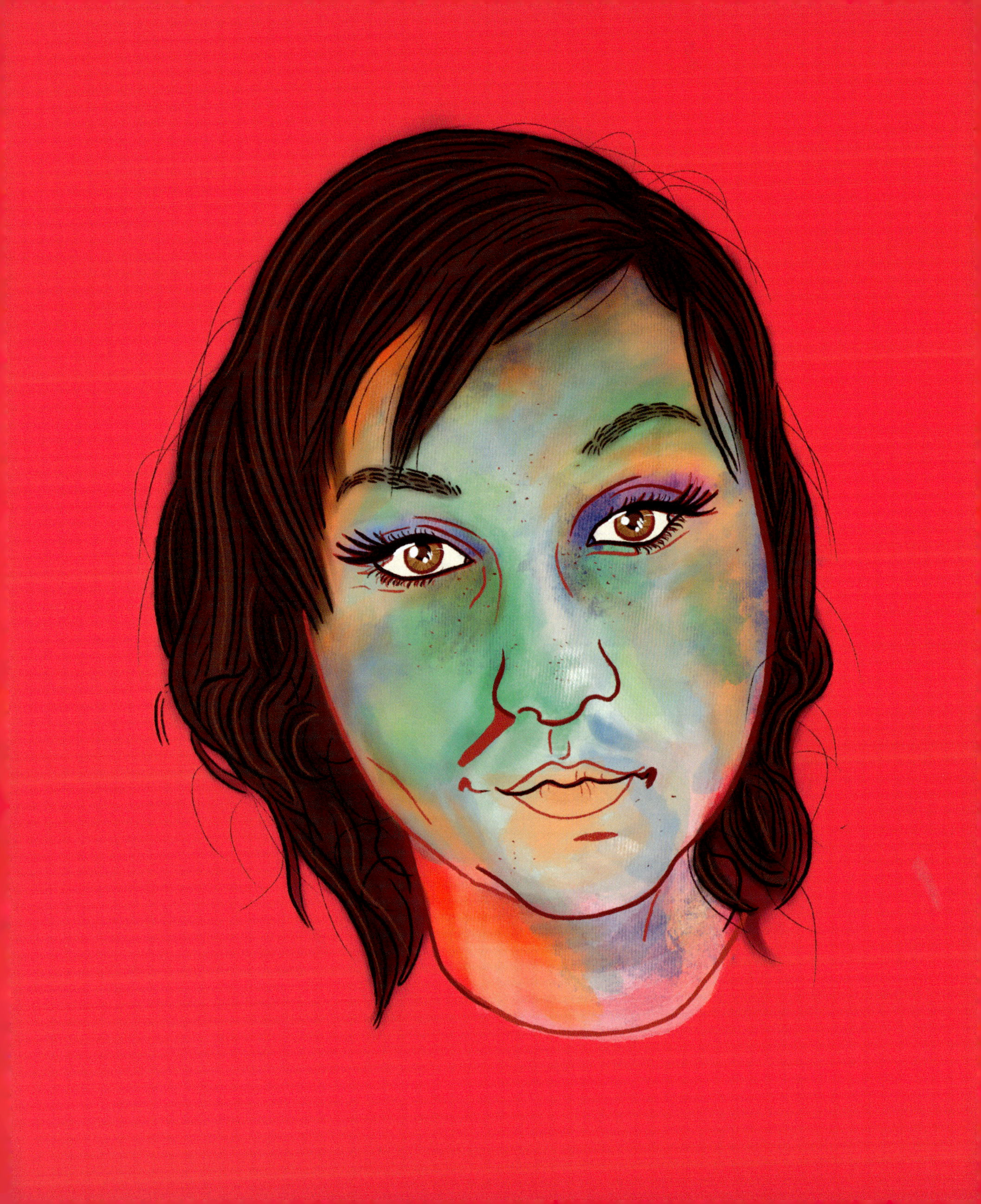

Hayley Gwatkin, 28
Unemployed | Di-waith

I met my partner, who is now my fiance, back in Duffryn High School. My brother had introduced us to each other. It was love at first sight. At first I was so shy and timid around him, blushing and stuttering... and we really became close, until one day we had no choice but to leave each other due to me moving house and school. Eventually we found each other again. It's like fate brought us back together as I feel we do truly belong together. I love him very much.

I remember becoming pregnant for the first time and giving birth to my son, who is now 8 years old. It was a very long and intense labour which resulted in me having a c-section... but it was all worth it in the end. My son is a lovely boy who is full of joy, and I truly enjoy teaching him the things that I have learnt in life and teaching him how to draw things - just like how my father taught me when I was little.

It's nice for him to learn new things and enjoy his time with the people he loves because it distracts him from his own personal problems in life. He suffers from Duchenne Muscular Dystrophy.

Nes i gwrdd â mhartner i, 'yn fiance i nawr, nôl yn Ysgol Duffryn High. O'dd 'y mrawd 'di cyflwyno ni i'n gilydd. Cwmpes i mewn cariad yn syth. I ddechrau o'n i mor swil a timid o'i gwmpas e, yn cochi a'n baglu dros 'y ngeirie... a daethon ni'n rili agos, tan un dydd o'dd 'da ni ddim dewis ond gadael ein gilydd achos bod fi'n symud tŷ ac ysgol. Yn y diwedd fe ffeindon ni'n gilydd 'to. Ma fe fel bod ffawd 'di dod â ni nôl at ein gilydd achos fi'n meddwl bod ni wir i fod 'da'n gilydd. Fi'n ei garu fe'n fawr iawn.

Fi'n cofio bod yn feichiog am y tro cynta a rhoi genedigaeth i 'mab cynta i, sy nawr yn 8 oed. O'dd hi'n enedigaeth hir a caled iawn ac yn y diwedd o'dd rhaid fi gael c-section... ond o'dd e i gyd werth e yn y diwedd. Ma 'mab i'n fachgen lyfli a llawn bywyd, a fi wir yn mwynhau dysgu iddo fe y pethe fi 'di dysgu mewn bywyd a dysgu iddo fe sut i dynnu lluniau pethau – jest fel nath 'y nhad i ddysgu fi neud pan o'n i'n fach.

Mae'n neis iddo fe gael dysgu pethau newydd a mwynhau ei amser 'da'r bobl ma fe'n eu caru achos mae'n tynnu ei sylw fe o'i broblemau ei hunan mewn bywyd. Ma fe'n diodde o Duchenne Muscular Dystrophy.

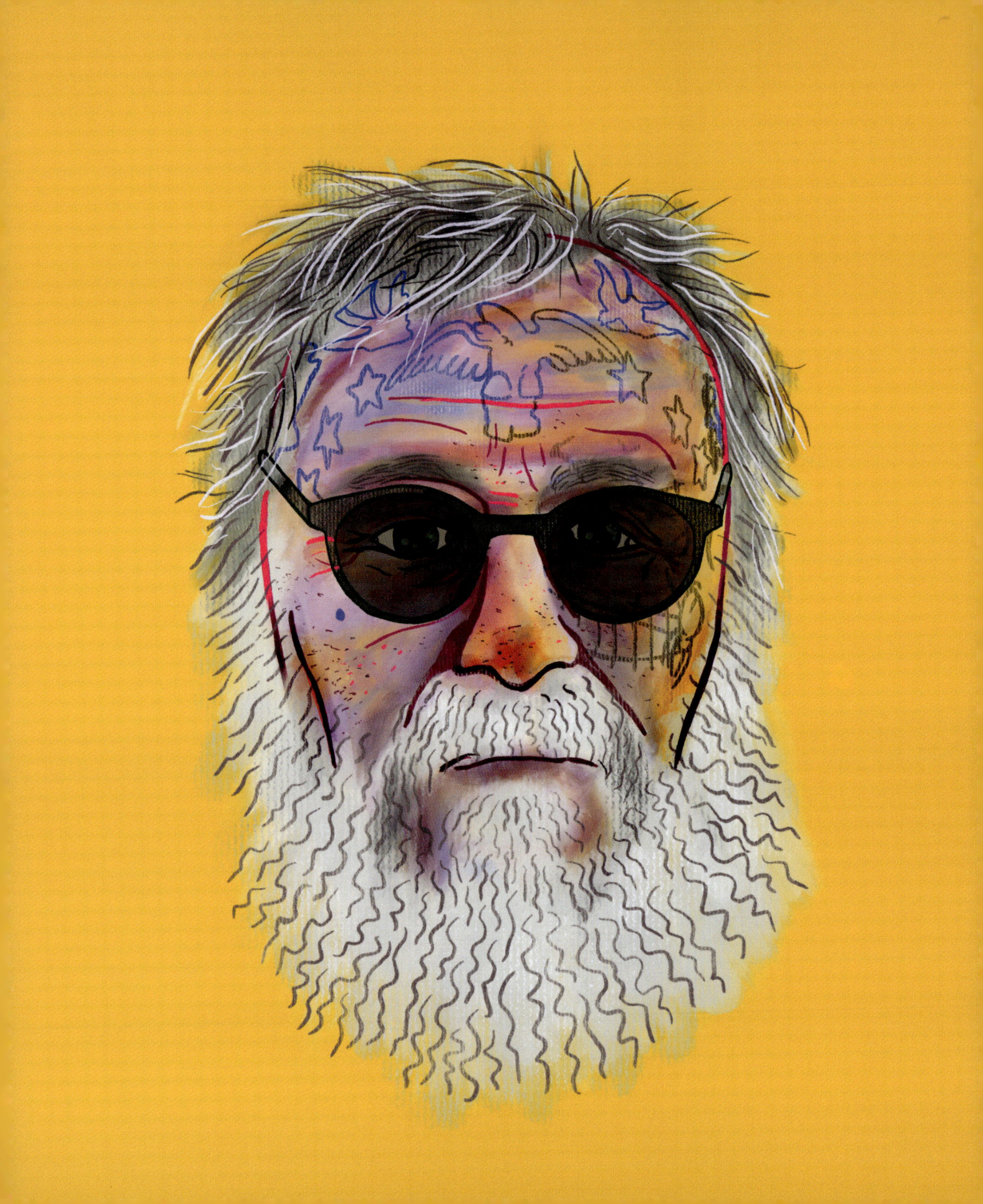

John, 75
Retired | Wedi ymddeol

Meeting Eugene was one of the most important things to happen to me. He was my earliest inspiration as a boy of 12. He introduced me to football - I became part of the Gem Rovers of Stow Hill. He made me feel good about life and introduced me to the big wide world.

I will always remember him.

Roedd cwrdd ag Eugene yn un o'r pethau pwysicaf ddigwyddodd i fi. Fe oedd fy ysbrydoliaeth gynharaf fel bachgen 12 oed. Fe gyflwynodd fi i bêl-droed – des i'n rhan o'r Gem Rovers o Stow Hill. Fe wnaeth e i fi deimlo'n dda am fywyd a nghyflwyno i i'r byd mawr.

Bydda i'n ei gofio fe am byth.

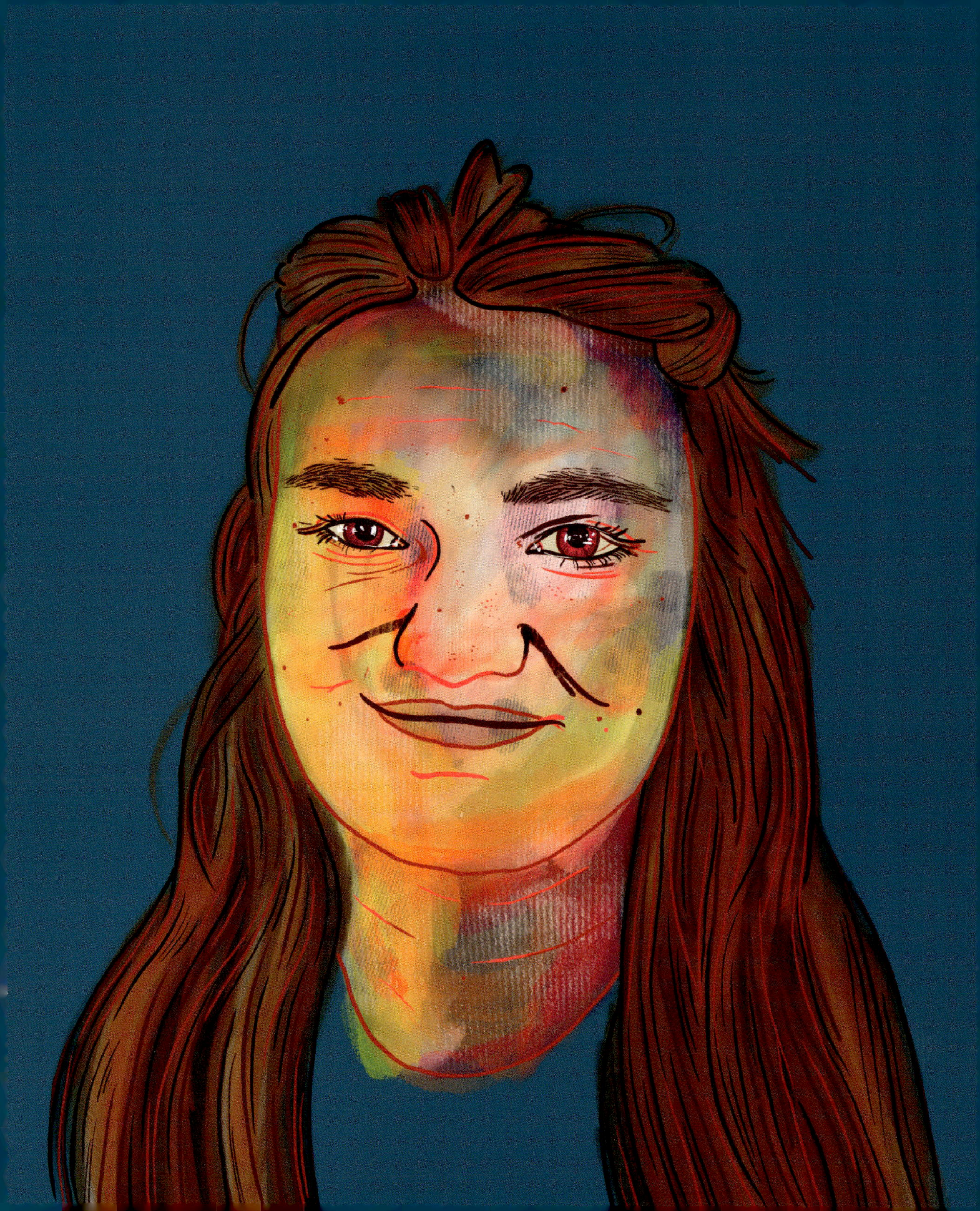

Chazz, 28
Social Media Administrator | Gweinyddwr Cyfryngau Cymdeithasol

So they were being dickheads all day to be honest, just being really horrible. You know the chap who stands over there and never drinks? Well they called him "disabled Mario". Just really really nasty. These people... they were the pool team that we played on Sunday. So... they were winning, it was me and Leanne, we were playing doubles - double matching - and we heard them laughing and joking going, "oh these are girls, we're gunna kick their arses because they're girls!", and as we walked passed them and one guy went "nice arse", and I just stared at him and went, "you're playing right?", and he went "yeah". So I went round the corner and took everything out of my pockets, my phone and everything out of my bra, slapping it down on the table. Everyone was like calm down Char, I was like "I am calm. I'm calm." and I was like, "we need to win this, we're not going to win the whole game, but we need to win THIS, coz we gotta prove a point".

At one point I hit a load of balls in a row, I was pot, pot, pot, pot, pot. Dunno how I did it, I think it was the energy and rage. Anyway, we ended up winning, and everyone shook hands at the end, and I shook the boy's hand, looked straight at him, and said...

"Nice arse."

So o'n nhw'n bod yn dickheads drwy'r dydd i fod yn onest, jest yn rili horibl. Timod y boi sy'n sefyll draw fynna a sy byth yn yfed? Wel o'n nhw'n galw fe'n "disabled Mario". Just rili rili nasty. Y bobl 'ma... nhw o'dd y tîm pŵl o'n ni'n chware dydd Sul. So... o'n nhw'n ennill, fi a Leanne o'dd yn chware – o'n ni'n chware doubles – a clywon ni nhw'n chwerthin a'n jocan a mynd "oh merched yw rein, ni'n mynd cico'u tine nhw cos merched y'n nhw!", a fel o'n ni'n cerdded heibio nhw ath un boi "nice arse", a nes i jest syllu arno fe a mynd, "ti'n chware, dy't ti", ac ath e "ie". So es i rownd y cornel a tynnu popeth mas o'n bocedi, yn ffôn i a popeth mas o'n bra i, slamo fe lawr ar y ford. O'dd pawb fel calm down Char, o'n i fel "fi yn calm, fi'n calm" ac o'n i fel, "ma raid i ni ennill hwn, ni ddim yn mynd i ennill y gêm i gyd, ond ma raid i ni ennill HWN, cos ma raid i ni brofi point".

Ar un pwynt, bwres i llwyth o beli mewn rhes, o'n i fel pot, pot, pot, pot, pot. Saimod sut nes i fe, fi'n meddwl taw'r egni o'dd e, o'n i'n wyllt. Ta beth, enillon ni, a nath pawb ysgwyd llaw ar y diwedd, a nes i ysgwyd llaw y boi, edryches i'n strêt ato fe, a gweud...

"Nice arse."

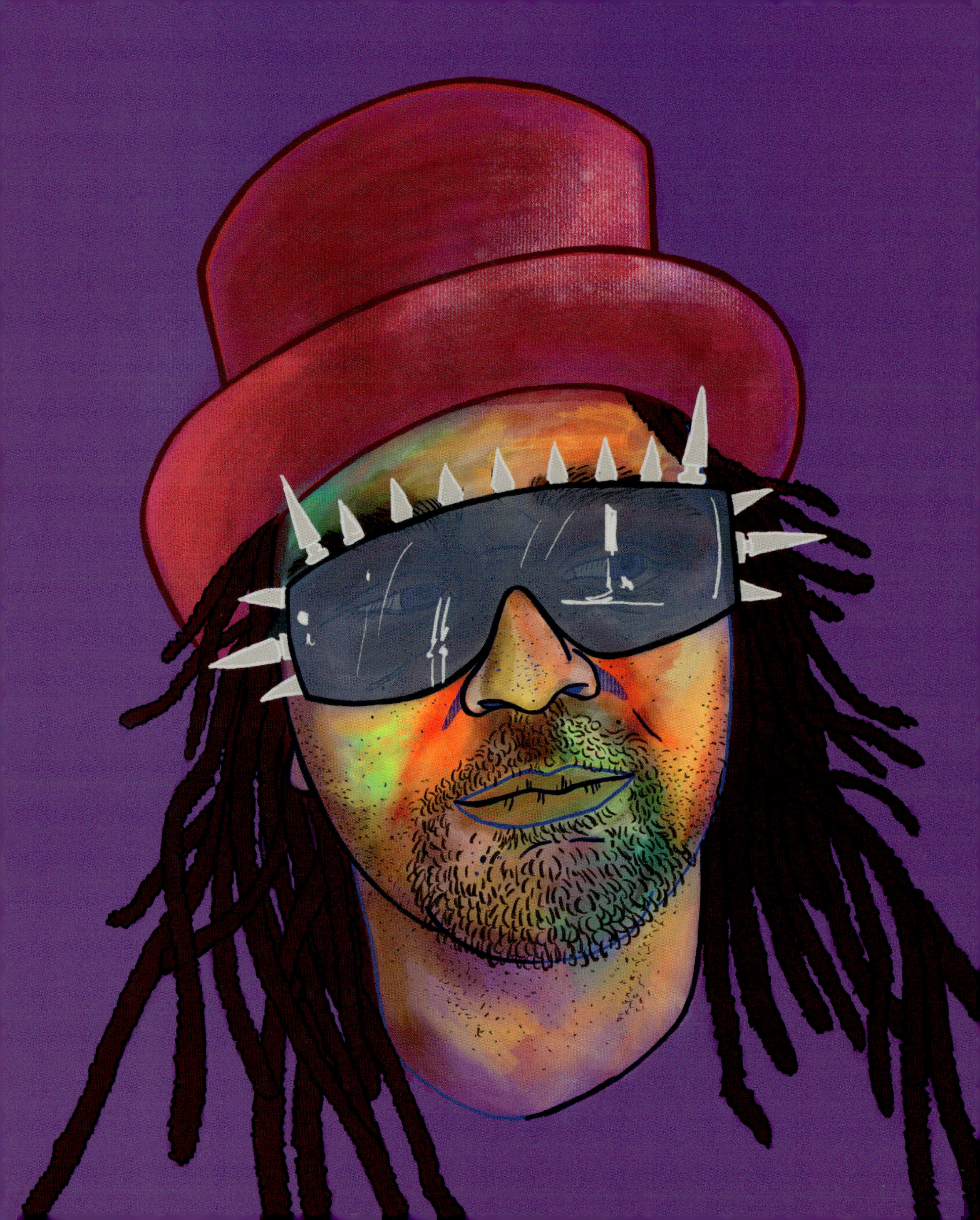

Benji Webbe, 56
Lead Singer of Skindred | Prif Leisydd Skindred

Newport. Yeah. What a beautiful town ...as you know I got a "helicopter". Although, I moved to Florida once. For 5 years. ...and it was very different from Newport. What I found was... you know, 'camaraderie'? It didn't have much of that. And of all the things to miss in Newport... was that... you know, I mean you can go to a 'bar' in Florida... but you can't go to the fucking 'pub'! Do you know what I mean?

And that was it! And as strange as it was... I lived on the beach mate! Google it! West Palm Beach, Jupiter. I lived ON the beach, but you know what, I could hear the Newport calling me. Throughout all that time of being away. I mean, when I first went there I was like "ahh fuck Newport", but its this crazy little town where no one really cares. I think that everyone from Newport has got a bit of string on them, and you go away, and it's like one of them dolls, you just gotta come back. And I've come back. And you know I love Newport. It's my home town. It has a rich history and y'know I still think we're making history in this town. I don't think it's over. A lot of people say to me "ohh but sadly TJ's is gone" which was a great punk rock venue, but... I really believe that things go in order for new things to be created. For new scenes to be created. I love this town, and I live here because I love it. I could live anywhere in the world if I wanted to, but... here I am.

Casnewydd. Ie. 'Na ti ddinas fendigedig ...fel ti'n gwbod, ma 'da fi "helicopter". Er, symudes i i Florida unwaith. Am 5 mlynedd. ...ac o'dd e'n wahanol iawn i Gasnewydd. Beth weles i o'dd... timod, 'camaraderie'? O'dd 'da fe ddim lot o hwnna. Ac o'r holl bethau i weld ishe am Gasnewydd... oedd yr... timod, I mean, ti'n gallu mynd i 'bar' yn Florida... ond ti'm yn gallu mynd i'r fucking 'pub'! Timod be fi'n meddwl?

A dyna fe! Ac o'dd e'n rhyfedd... O'n i'n byw ar y traeth mêt! Gwgla fe! West Palm Beach, Jupiter. O'n i'n byw AR y traeth, ond timod beth, o'n i'n gallu clywed Casnewydd yn y ngalw fi. Drwy'r amser 'na i gyd pan o'n i bant. I mean, pan es i 'na gynta, o'n i fel "ahh fuck Casnewydd", ond ma hi'r dref bach boncyrs 'ma ble sdim ots 'da neb. Fi'n meddwl bod 'da pawb o Gasnewydd darn bach o linyn arnyn nhw, a ti'n mynd bant, a ma fe fel un o'r dolie 'na, ma jyst raid ti ddod nôl. A fi 'di dod nôl. A timod, fi'n caru Casnewydd. Dyma nghartre i. Ma 'da fe hanes cyfoethog, a timod, fi dal yn meddwl bod ni'n neud hanes yn y dre 'ma. Sai'n credu bod e drosodd. Ma lot o bobl yn gweud 'thai "ohh ond ma fe'n drist bod TJ's 'di mynd", o'dd yn venue punk rock brilliant, ond... fi wir yn credu bod pethau'n mynd fel bod pethau newydd yn gallu dod. Scenes newydd yn cael eu creu. Fi'n caru'r dref 'ma, a fi'n byw 'ma achos fi'n caru fe. Gallen i fyw unrhyw le yn y byd 'sen i moyn, ond... dyma fi.

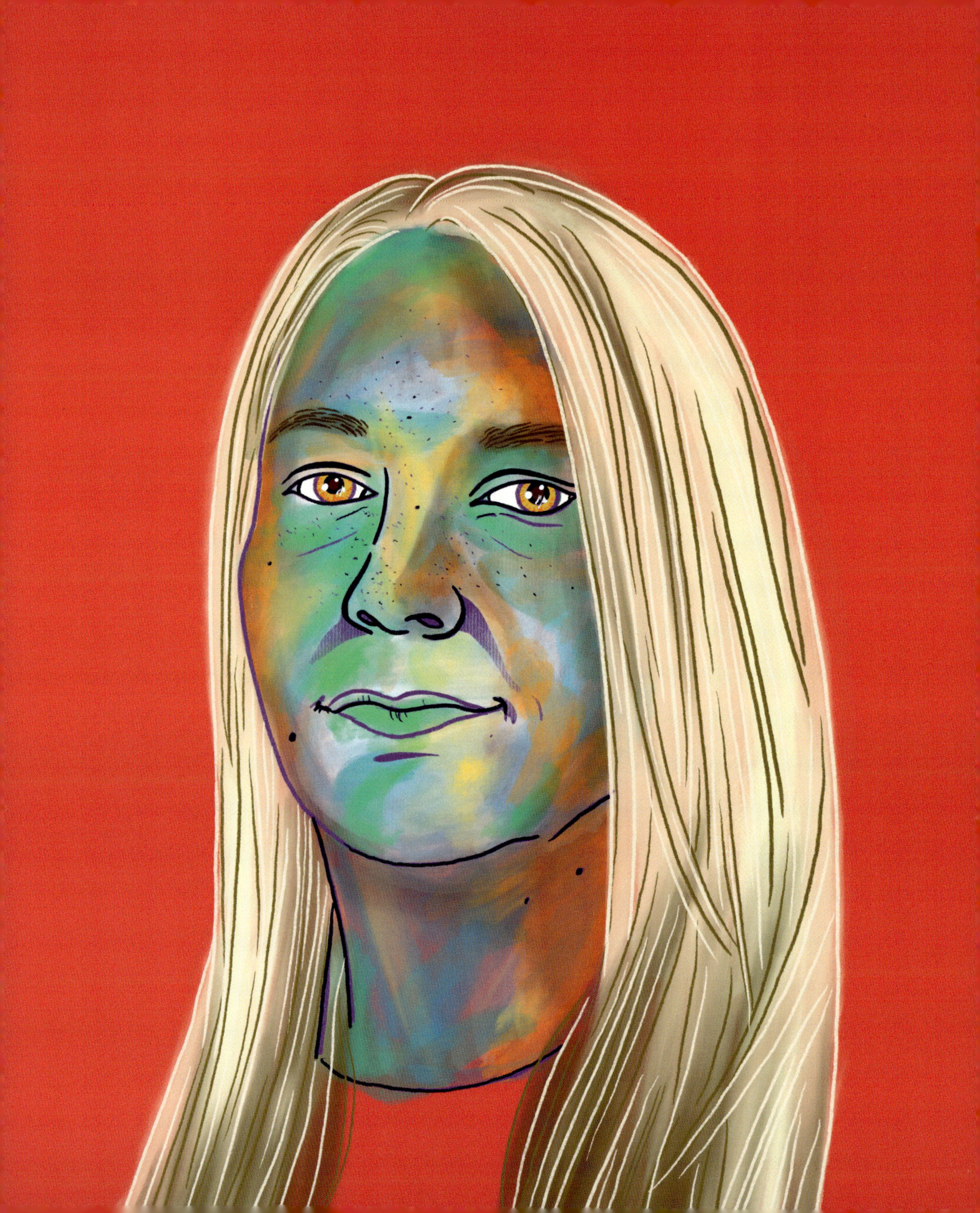

Sabrina, 41
Director of Tasty Not Wasty CiC | Cyfarwyddwr CiC Tasty Not Wasty

One of my greatest achievements in life, aside from my daughter, has been to start up Tasty not Wasty CiC. It is a 'Community Fridge' and is the only official one in the Torfaen area. It started without a name in Christmas of 2019 where I had been asked to collect food for a Christmas Day event I was running. I thought the store was just going to do a photo op and give a box of food so I rocked up in my blue Peugeot 107 - this was not the case and I was not prepared in any way. There were at least 7 trolleys of bread, and so many vegetables and meat items being scanned through to go, it was overwhelming. The staff tried to help the best they could and we fitted 9 trays of satsumas, fish slices, and anything they thought would be useful to the people coming on Christmas Day to take home with them. Don't ask me how that was achieved! ...but luckily my car was empty at the time. This experience changed how I saw supermarkets, so I started to research food waste and the processes these organisations take.

I became ill with COVID in March 2020, and lockdown started 2 weeks afterwards. When I was well again I started to collect the food. In August, it became apparent that it was a much needed service for the community so we set about making it official. But it was not until volunteers came on board that it blossomed into the service it is today. I am very proud of all the work that the volunteers have done and the people they have supported. There is no possible way that I could have made the service become such a vital part of the community without the dedication of all the volunteers. From feeding over 700 people at Christmas, to running art and wellbeing sessions - Tasty not Wasty CIC has become an integral part of the community as it continues to move with everyone's needs.

Un o'r pethau mwyaf dwy wedi'u cyflawni yn 'y mywyd, ond am 'y merch i, yw dechrau CiC Tasty not Wasty. Mae'n 'Oergell Gymunedol' a dyma'r unig un swyddogol yn ardal Torfaen. Fe ddechreuodd e heb enw adeg Nadolig 2019. O'n i 'di cael cais i gasglu bwyd ar gyfer digwyddiad ar ddydd Nadolig o'n i'n ei redeg. O'n i'n meddwl bod y siop jest yn mynd i wneud photo op a rhoi bocs o fwyd, so troiais i lan yn 'y nghar Peugeot 107 glas i. O'n i'n anghywir, ac o'n i ddim yn barod mewn unrhyw ffordd. O'dd 'na o leiaf 7 troli o fara, a gymaint o lysiau a cig yn cael eu sganio drwodd i fynd, o'n i 'di'n syfrdanu. Fe drïodd y staff 'yn helpu i y gorau gallen nhw, a naethon ni ffitio 9 tray o satsumas, sleisys pysgod, ac unrhyw beth o'n nhw'n meddwl bydde'n ddefnyddiol i'r bobl oedd yn dod dydd Nadolig i fynd gartre gyda nhw. Paid gofyn sut naethon ni hynna! ...ond yn lwcus o'dd 'y nghar i'n wag ar y pryd. Fe wnaeth y profiad yma newid sut o'n i'n meddwl am archfarchnadoedd, felly dechreuais i ymchwilio i wastraff bwyd a'r prosesau mae'r sefydliadau 'ma'n eu cymryd.

Es i'n dost gyda COVID ym mis Mawrth 2020, a dechreuodd y cyfnod clo bythefnos wedyn. Ar ôl i fi wella, dechreuais i gasglu'r bwyd. Ym mis Awst, fe ddaeth hi'n amlwg bod galw mawr am y gwasanaeth yma yn y gymuned, felly fe ddechreuon ni ei wneud e'n swyddogol. Ond dim ond pan ymunodd gwirfoddolwyr 'da ni y datblygodd e'n wasanaeth llawn fel sy 'da ni heddiw. Dwy'n falch iawn o'r holl waith mae'r gwirfoddolwyr 'di neud a'r bobl ma nhw 'di cefnogi. Does dim ffordd yn y byd 'sen i 'di gallu ei droi e'n wasanaeth sy'n rhan mor ganolog o'r gymuned heb ymroddiad yr holl wirfoddolwyr. O fwydo dros 700 o bobl dros y Nadolig i redeg sesiynau celf a lles – mae CIC Tasty not Wasty wedi dod yn rhan annatod o'r gymuned wrth iddo fe ddal mlaen i symud 'da anghenion pawb.

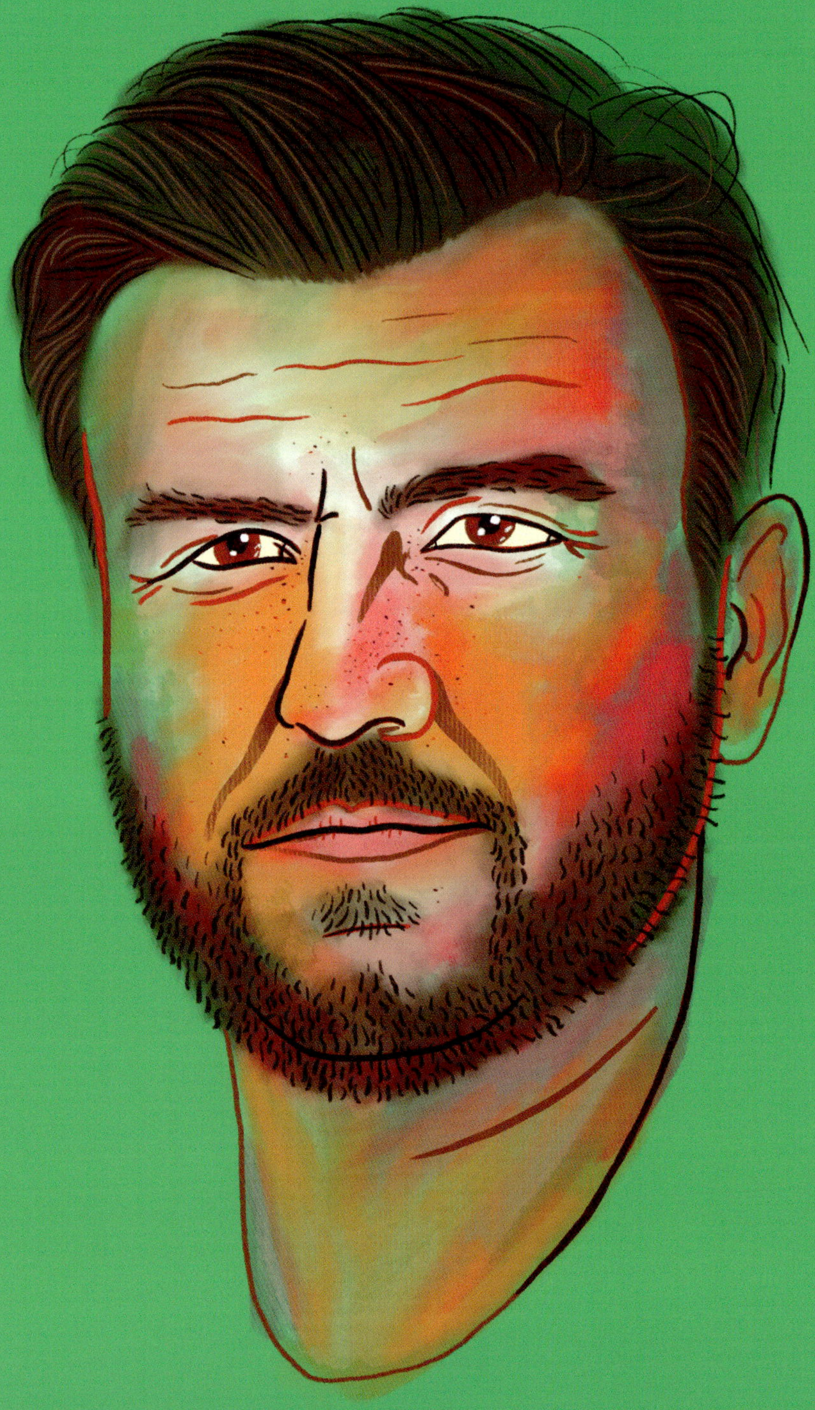

Ben Green, 29
Author | Awdur

After my son was born, I started writing stories.

I was always creative and bursting with ideas from a young age, but something clicked when he came along. I wanted to do this not just to get my ideas out, but also to leave a legacy. I wanted to make sure that when I'm gone my children had a way to remember me, not just with pictures and videos that showed tidbits of me, but through my personality, letting it all out in these whimsical and crazy stories.

I wanted them to remember their dad as the pure crazy person he is.

Ar ôl i 'mab i gael ei eni, dechreuais i sgrifennu straeon.

O'n i wastad yn greadigol ac yn llawn syniadau ers pan o'n i'n ifanc, ond naeth rhywbeth glicio pan daeth e i'r byd. O'n i ishe neud hyn dim jest i gael fy syniadau i mas, ond i adael rhywbeth ar 'yn ôl i hefyd. O'n i ishe neud yn siŵr y bydde gan y plant ffordd o nghofio i pan o'n i 'di mynd, dim jest lluniau a fideos o'dd yn dangos pytiau ohono i, ond drwy mhersonoliaeth i, gadael e gyd mas yn y straeon chwareus a boncyrs 'ma.

O'n i ishe iddyn nhw gofio'u tad fel y person cwbl boncyrs fel ag yw e.

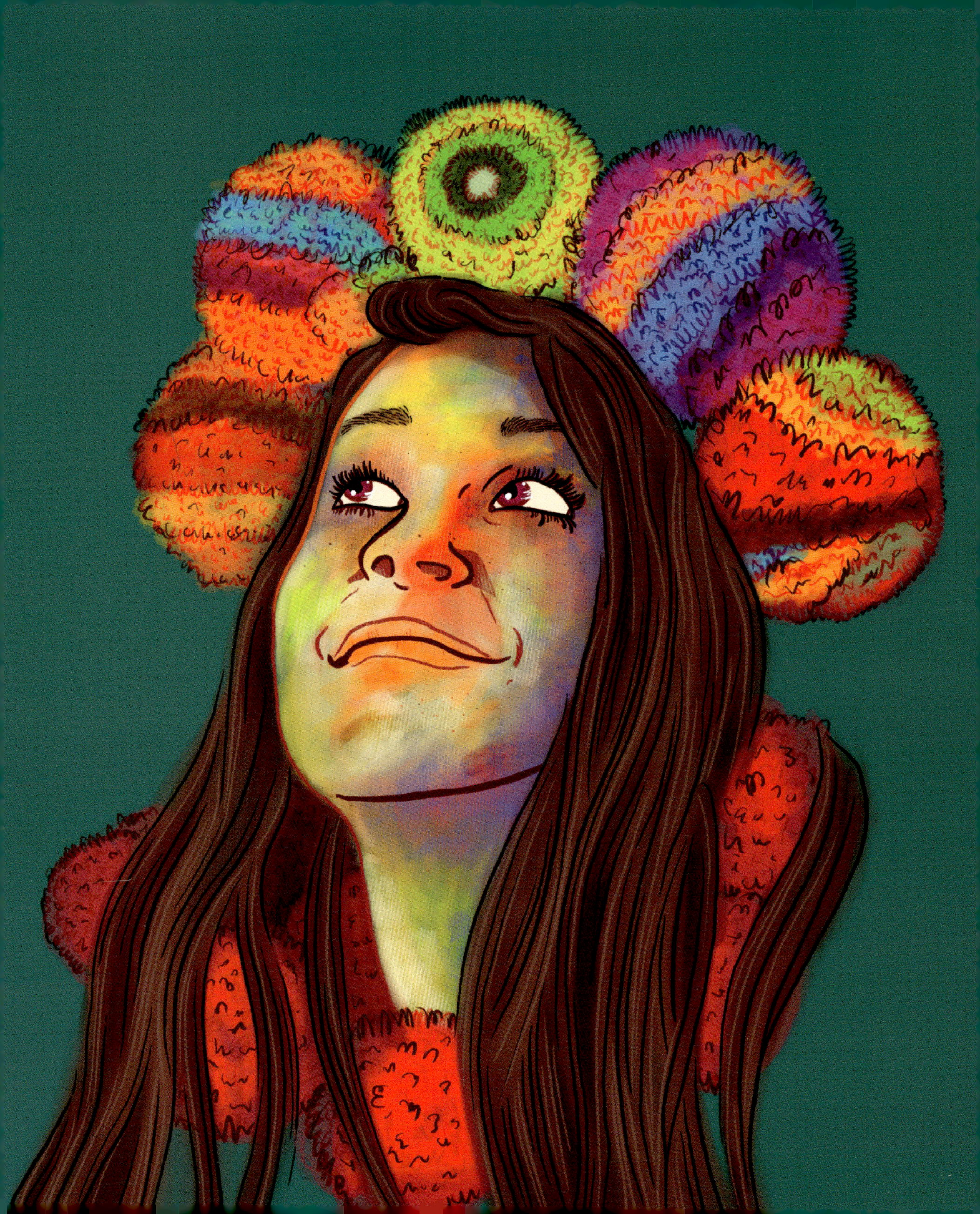

Naseem Syed, 42
Craftivist

Crafting is a form of escapism and it takes me back to my childhood memories. I fondly remember the days of making pom poms with my aunty Mimo. The pom poms reminded me of a wish, like dandelion seeds. There is so much beauty to be found in embracing the warmth of human connection. My movement, 'Radical Kindness', is rooted in nature and humanity. It is brought to life by creativity, craftivism, and acts of kindness and gratitude. People glisten through radical acts of kindness, together they shine brighter, like the sun glistening on the sea, a warm cwtch, and cup of tea.

I have been called the collector of auras and joy through all the unique pom poms I've created and the messages I've captured and passed on. Every person I meet is extraordinary and has something special about them, although they rarely see it themselves. I hope to bring light and celebrate each person through the stories shared and kind acts passed on. A pom pom becomes a passing embrace; a story; a flower; a thought; a dream. It holds inside it a powerful symbol, connecting together a memory and a moment in time.

I dedicate my movement, 'Radical Kindness', to my beautiful cousin Annabel - known as 'Granny Annie' through our love of craft and tea - who radiated so much warmth and kindness. She was a creative, kind soul, and an amazing fine artist. She sadly lost her battle with cancer recently at 26 years old. I miss her deeply. Her smile lit up the room. She, too, created hundreds of pom poms for others, each so unique just like her. Annie's courage, humour, and creativity has inspired me to keep going and to continue to spread kindness. Never underestimate the impact you can have on someone. Annie's warmth I will forever carry with me and shine onto others.

Ma neud crefftau'n ffordd o ddianc a ma'n mynd â fi nôl i mhlentyndod i. Ma 'da fi atgofion melys o'r dyddiau pan o'n i'n neud pom-poms 'dag Anti Mimo. O'dd y pom-poms yn atgoffa fi o neud dymuniad, fel hadau dant y llew. Ma 'na gymaint o harddwch i gael o gofleidio cynhesrwydd cysylltiad 'da pobl. Ma'n mudiad i, 'Radical Kindness', 'di gwreiddio mewn byd natur a dynoliaeth. Ma'n dod yn fyw gyda creadigrwydd, crefftau, caredigrwydd a bod yn ddiolchgar. Ma pobl yn disgleirio drwy garedigrwydd radical, gyda'i gilydd ma nhw'n fwy disglair byth, fel yr haul yn disgleirio ar y môr, cwtsh cynnes, a disgled.

Fi 'di cael 'y ngalw'n gasglwr awras a llawenydd am yr holl pom-poms unigryw fi 'di creu a'r negeseuon fi 'di dala a'u pasio mlaen. Mae pawb fi'n cwrdd ag e yn anhygoel a ma 'da nhw rwbeth arbennig amdanyn nhw, er bod nhw ddim fel arfer yn gallu gweld e eu hunain. Fi'n gobeithio bod fi'n dod â goleuni a'n dathlu pob un drwy'r storïau sy'n cael eu rhannu a'r caredigrwydd sy'n cael ei basio mlaen. Ma pom-pom yn troi'n cwtsh; yn stori; yn flodyn; yn syniad; yn freuddwyd. Y tu mewn iddo fo mae 'na symbol pwerus, yn cysylltu atgof ac ennyd 'da'i gilydd.

Fi'n neud 'y mudiad i, 'Radical Kindness', yn enw nghyfnither arbennig i, Annabel – neu 'Granny Annie' fel o'n ni'n galw hi am ein hoffter ni o grefftau a disgled – o'dd yn tywynnu cymaint o gynhesrwydd a caredigrwydd. O'dd hi'n enaid creadigol, caredig, a'n artist cain anhygoel. Nath hi golli ei brwydr â canser yn ddiweddar yn 26 oed. Mae 'da fi hiraeth ofnadwy amdani. O'dd ei gwên hi'n goleuo'r stafell. Nath hi hefyd greu cannoedd o pom-poms i bobl eraill, pob un mor unigryw, jest fel hi. Mae dewrder, hiwmor a creadigrwydd Annie wedi'n ysbrydoli i i ddala mlaen i ledaenu caredigrwydd. Paid byth tanbrisio'r effaith galli di gael ar rywun. Bydd cynhesrwydd Annie yn aros 'da fi am byth a'n tywynnu ar eraill.

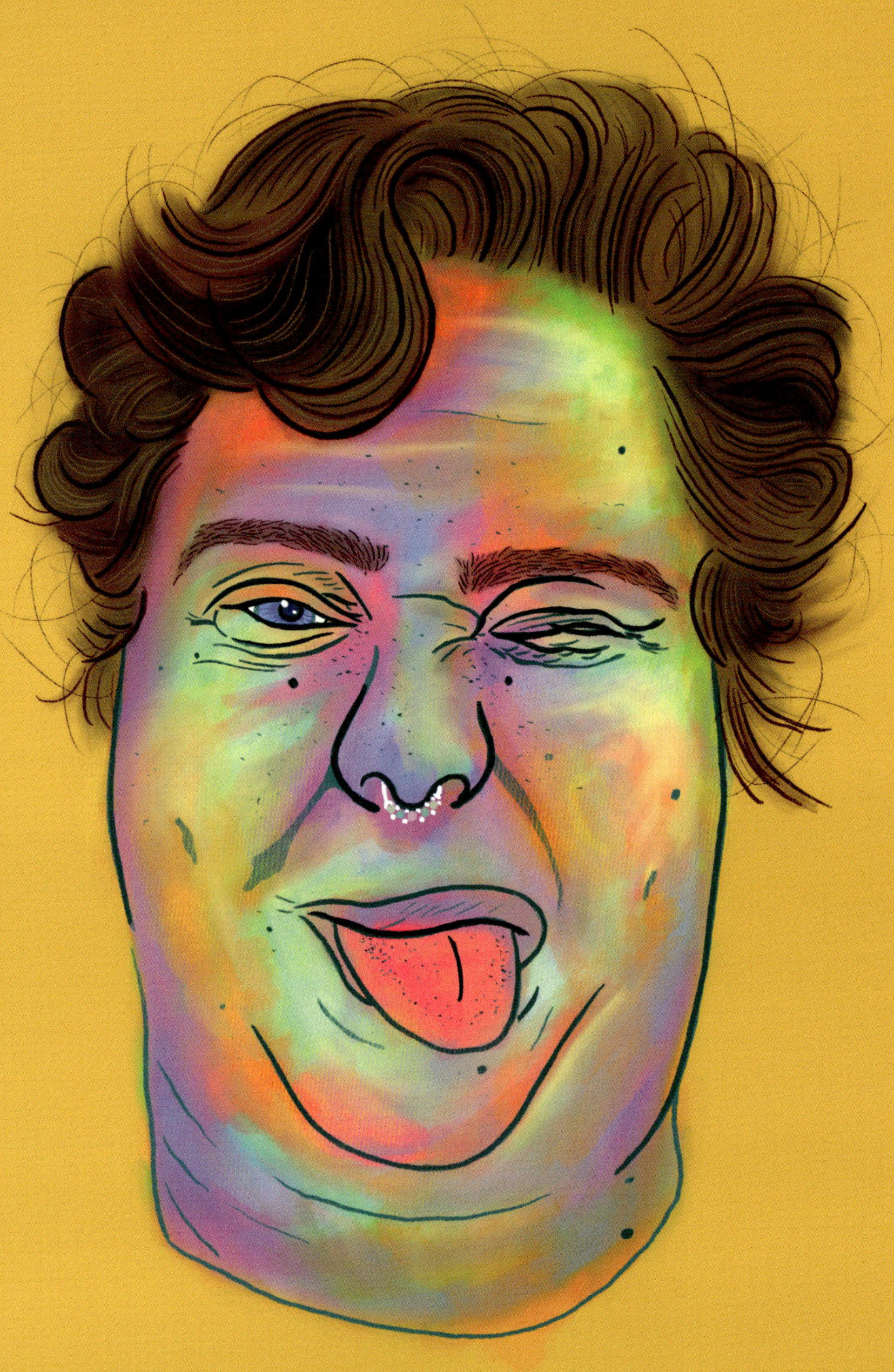

Robin Red, 32
Queer Banker | Bancer Cwier

Robin is not my legal name, but my chosen name. To really celebrate and solidify this change that I picked for myself, I got a picture of a robin flying out of a bird cage tattooed on my forearms. This is the biggest and most expensive tattoo that I have, but was so worth it.

It took 8 hours over 2 sittings in a brand new studio in Morriston, just as Covid restrictions were being lifted. Everything had to be extra sanitised, I had to take a test the night before and we still wore masks the whole time. I spent the whole 8 hours sharing my life story with the girl who did my tattoo and she shared so much back as well. It is a piece that I will love and cherish for the rest of my life and it will always connect me to my little corner of Wales.

Dim Robin yw'n enw iawn i, ond yr enw fi 'di ddewis. I rili dathlu hyn a neud y newid 'ma fi 'di dewis i'n hunan yn fwy real, ces i tatŵ o robin goch yn hedfan mas o gawell ar 'y mraich i. Dyma'r tatŵ mwyaf a drytaf sy 'da fi ond o'dd e wir werth e.

Nath e gymryd 8 awr dros ddau sitting mewn stiwdio newydd sbon yn Treforys, jest fel o'dd cyfyngiadau Covid yn cael eu codi. O'dd raid i bopeth fod yn extra glân. O'dd raid i fi neud prawf y noson cyn 'ny ac o'n ni'n dal yn gwisgo mygyde drwy'r amser. Treulies i'r 8 awr i gyd yn adrodd 'yn stori wrth y ferch o'dd yn neud y tatŵ a nath hi rannu gymaint o'i stori hi 'fyd. Ma fe'n ddarn bydda i'n falch ohono fe am weddill 'yn fywyd i a bydd e bob amser yn 'yn gysytllu fi â'n gornel bach i o Gymru.

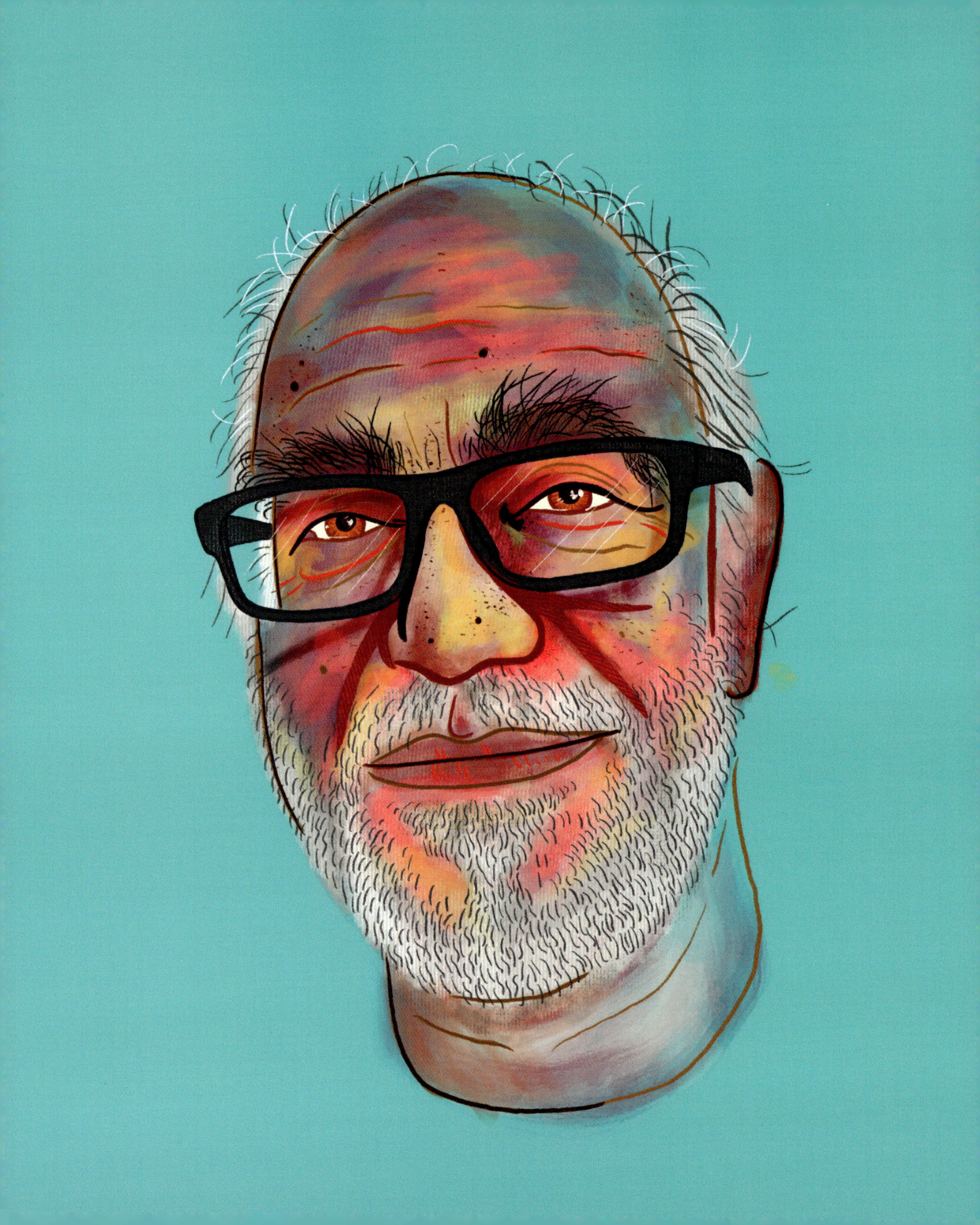

Joey, 69
Greengrocer | Groser

You're learning everyday of your life. You'd be surprised, I've been working here 55 years and I'm still learning. We have produce come in from every corner of the globe, there's always something new to learn. It's good.

Like they say, don't buy a book by its binder. A lot of people only buy produce that is aesthetically pleasing, and because of this, they're missing out on so much. My Father still grows veg, and a lot of it is all nobbly, and doesn't look like the "ideal" tomato or what have you, but the taste is amazing. He never believes in spraying or anything, so it's organic really. It doesn't look perfect, but it tastes amazing.

Ti'n dysgu bob dydd o dy fywyd. 'Set ti'n synnu, dwy 'di bod yn gweithio 'ma ers 55 o flynydde a dwy dal yn dysgu. Ma 'da ni stwff yn dod mewn o bobman yn y byd, ma 'na wastad rwbeth newydd i ddysgu amdano fe. Ma fe'n gwd.

Fel ma nhw'n gweud, don't buy a book by its binder. Ma lot o bobl dim ond yn prynu pethau sy'n dishgwl yn neis, ac am 'ny ma nhw'n colli mas ar gymaint. Ma Dad dal yn tyfu llysiau, a ma lot o fe'n edrych yn nobbly i gyd, a ddim yn dishgwl fel y tomato "ideal" neu beth bynnag, ond ma fe'n blasu'n anhygoel. Dyw e byth yn credu mewn sprayo na dim, felly ma fe'n organic rili. Dyw e ddim yn edrych yn berffaith, ond ma fe'n blasu'n anhygoel.

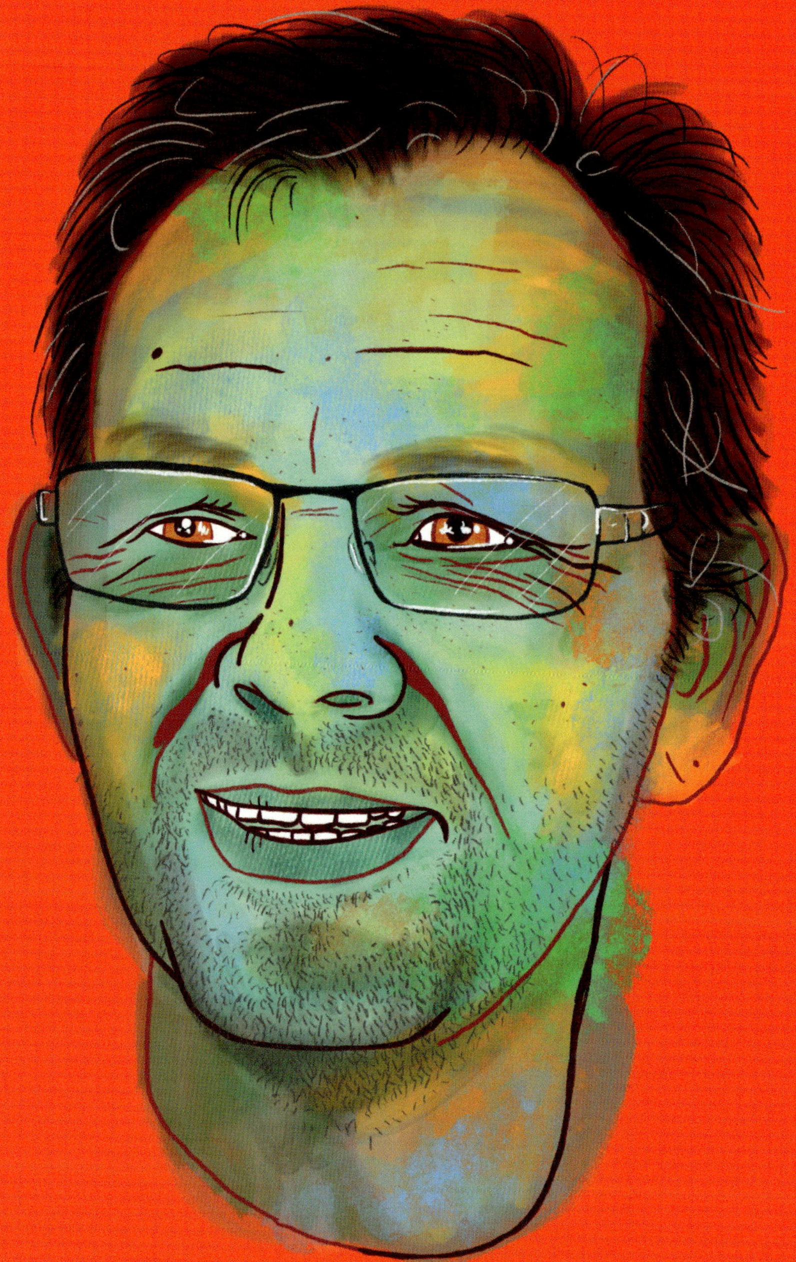

Dean, 57
Greengrocer | Groser

Cherries are 20p each at the moment, they're beautiful though. I can't stop eating them. I throw the seeds behind there so that Joey doesn't see how many I've gone through!

A year before COVID now, I went up Hereford way, which is the area we get our cherries from, and I was at a car boot sale. There was a guy selling cherries for £2 a punnet, so I bought a load and thought I would sell 'em in the shop. They must have just come out of the fridge, because I didn't even get back before they all went plop.

I was eating as many as I physically could on the way back, chucking the stones out the car window.

Ma ceirios yn 20c yr un ar hyn o bryd, ond ma nhw'n hyfryd. Sai'n gallu stopio bwyta nhw. Dwy'n taflu'r cerrig tu ôl fynna fel bod Joey ddim yn gweld faint dwy 'di mynd drwyddyn nhw!

Blwyddyn cyn COVID nawr, es i lan i ardal Hereford, sef ble ni'n cael ein ceirios ni, ac o'n i mewn car bŵt. O'dd 'na foi yn gwerthu ceirios am £2 y punnet, so prynes i lwyth yn meddwl 'sen i'n gwerthu nhw'n y siop. Ma raid bod nhw newydd ddod mas o'r ffrij, cos o'n i ddim hyd yn oed 'di cyrraedd nôl cyn iddyn nhw gyd fynd plop.

O'n i'n bwyta gymaint ag o'n i'n gallu stwffo ar y ffordd nôl, a'n taflu'r cerrig mas o ffenest y car.

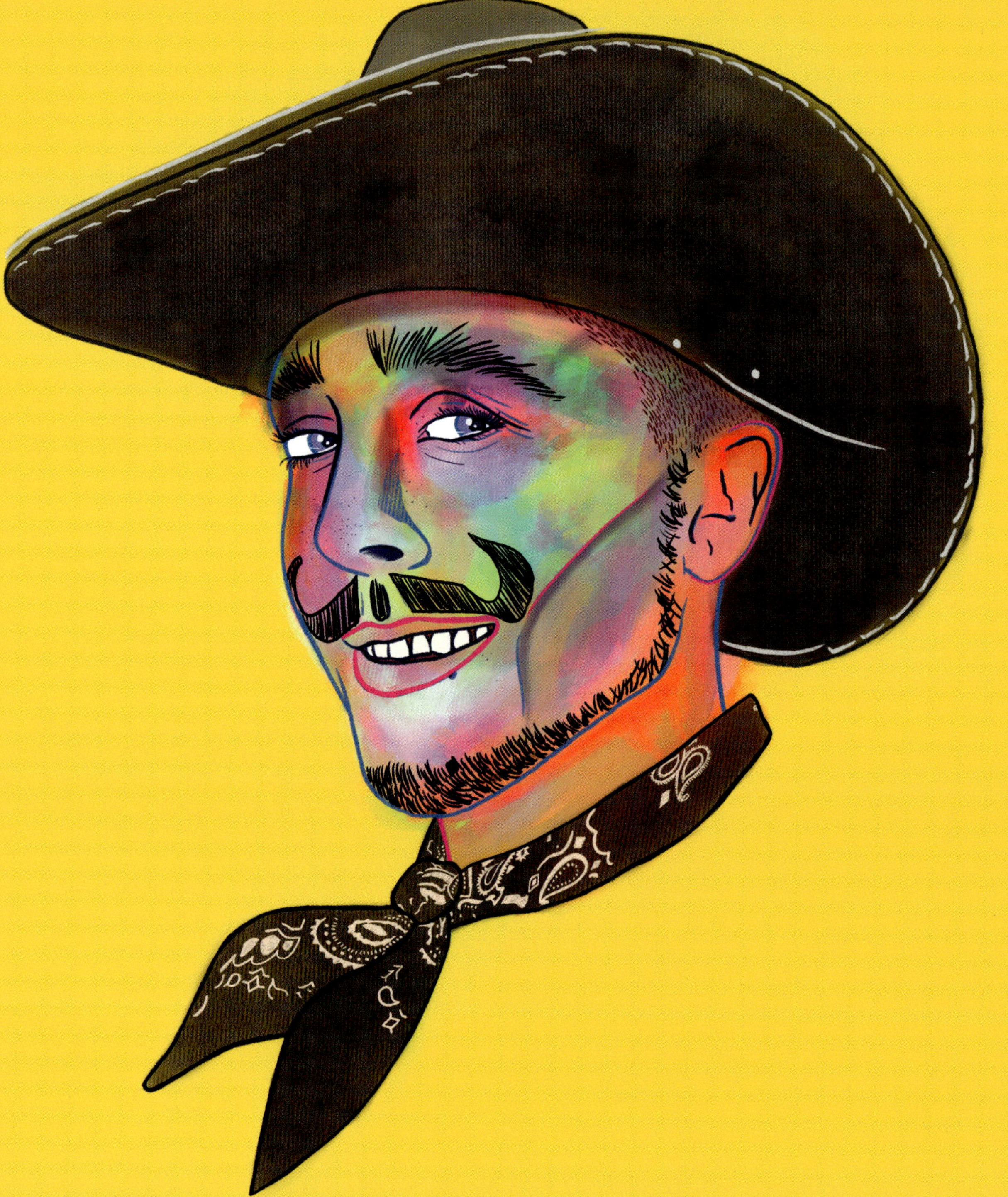

Justin Drag, 32
Drag King & DJ | Brenin Drag a DJ

I love to work ...and I know that sounds ironic because a lot of people may say "...you like to work?!" haha, but I do! I found my calling this year through performing, and doing drag, and helping the community with my platform, and that sense of joy that I can bring in individuals. They may have had the toughest day, or the toughest week, or the toughest year, but if I'm able to help them feel a bit lighter in that moment or in that hour that I'm performing and take their mind off their troubles then I feel like I've done my part.

My goal for the past few years now has been about using my platform to make change and help people instead of just going up there and performing and then switching off and coming back home - which sometimes, yeah, I should do - but I care so much that I want people to... I want people to feel seen and people to know that they have a safe space whenever I'm performing or whenever they are around drag artists.

Fi wrth 'y modd yn gweithio... a fi'n gwbod bod hwnna'n swno'n ironic cos falle bod lot o bobl yn dweud "...ti'n lico gweithio?!" haha, ond fi yn! Ffindes i'n calling eleni drwy berfformio, a neud drag, a helpu'r gymuned gyda'n platfform i, a'r teimlad 'na o hapusrwydd fi'n gallu dod â mas mewn pobl. Falle bod nhw 'di cael diwrnod ofnadwy, neu wythnos ofnadwy, neu blwyddyn ofnadwy, ond os dwy'n gallu helpu nhw i deimlo dipyn bach yn ysgafnach yn y foment yna neu yn yr awr yna pan fi'n perfformio a cymryd eu meddyliau nhw off eu problemau nhw, wedyn fi'n teimlo fel bod fi 'di neud 'yn ran.

'Yn gôl i ers rhai blynyddoedd nawr yw defnyddio'n platfform i greu newid a helpu pobl yn lle jest mynd lan 'na a perfformio a wedyn switsho bant a dod nôl gartre – sydd weithiau, ie, yn rhywbeth dylen i neud – ond ma gymaint o ots 'da fi fel bod fi moyn i bobl... fi moyn i bobl deimlo fel bod nhw 'di cael eu gweld ac i bobl wybod bod gyda nhw le saff pryd bynnag fi'n perfformio neu pryd bynnag ma nhw rownd drag artists.

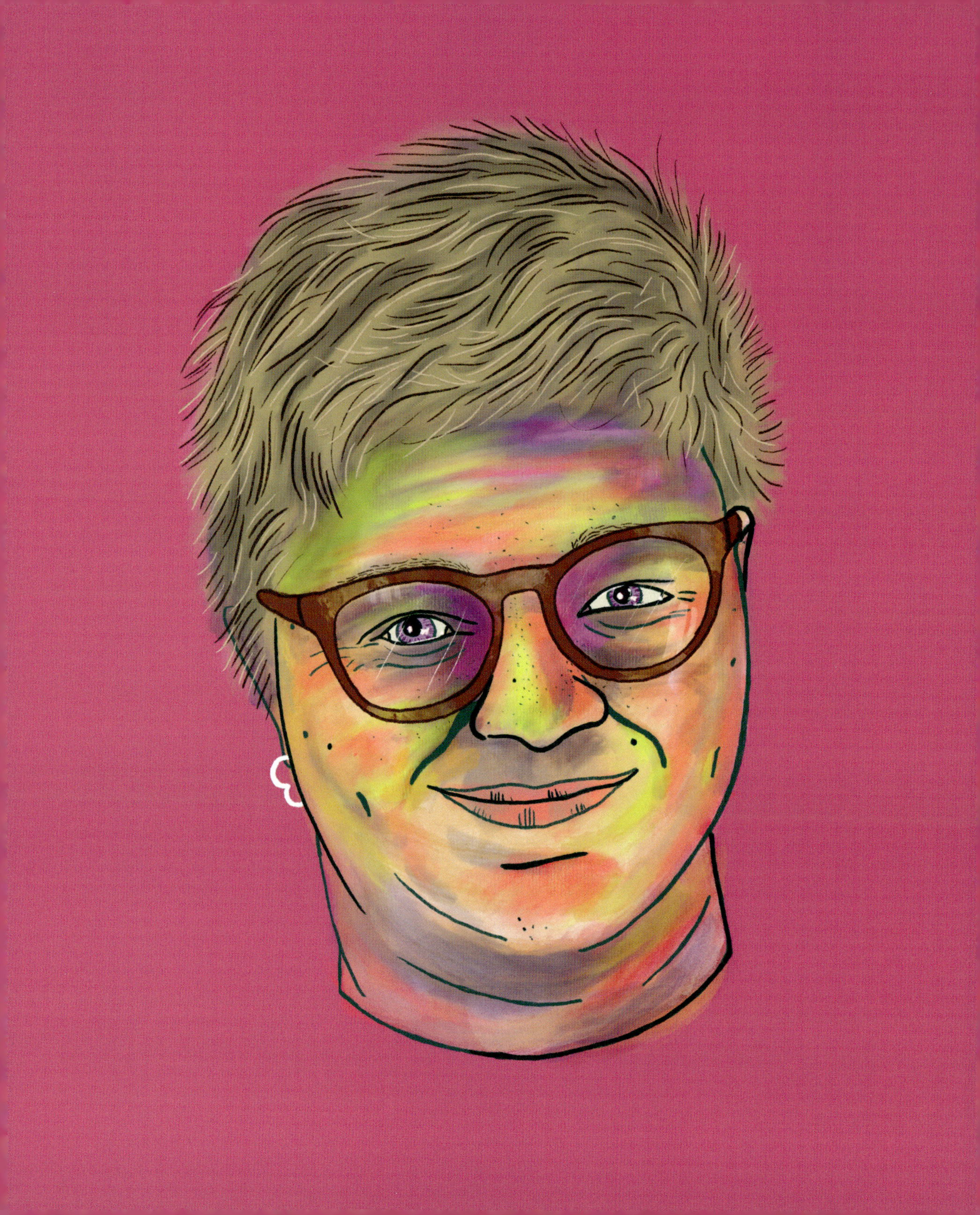

Sam, 35
Student & Volunteer | Myfyriwr a Gwirfoddolwr

I woke up to a text message saying my best friend had died.

I couldn't believe it. I kept replaying the message in my head. Then, I had a text off of one of my other friends asking if I'd heard the news. I replied to them saying it wasn't true. It wasn't until I spoke to her mum that I realised that it actually was.

I went to go and make a cup of tea but I couldn't move. My body felt like a dead weight. I rang my mum and tried to explain to her what had happened but I couldn't get the words out.

The anniversary is coming up, and it's bringing a lot of memories back. Happy, and sad... We weren't just best friends, we were like sisters.

Nes i ddeffro i neges destun yn dweud bod 'yn ffrind gorau i 'di marw.

O'n i'm yn gall credu'r peth. O'n i'n cadw chwarae'r neges drosodd a drosodd yn y 'mhen i. Yna ges i neges gan un o'n ffrindiau eraill i'n gofyn o'n i 'di clywed y newyddion. Nes i ateb yn dweud fod e ddim yn wir. Dim tan i fi siarad gyda'i mam hi nes i ddeall ei fod e.

Es i i neud paned ond o'n i'm yn gallu symud. O'dd 'y nghorff i'n teimlo'n drwm fel corff marw. Nes i ffonio mam i drio esbonio wrthi hi beth oedd wedi digwydd, ond o'n i'm yn gallu cael y geiriau mas.

Bydd hi'n adeg yna o'r flwyddyn eto cyn bo hir, a mae hynna'n dod â llawer o atgofion nôl. Rhai hapus a trist... Dim jest ffrindiau gorau o'n ni, o'n ni fel dwy chwaer.

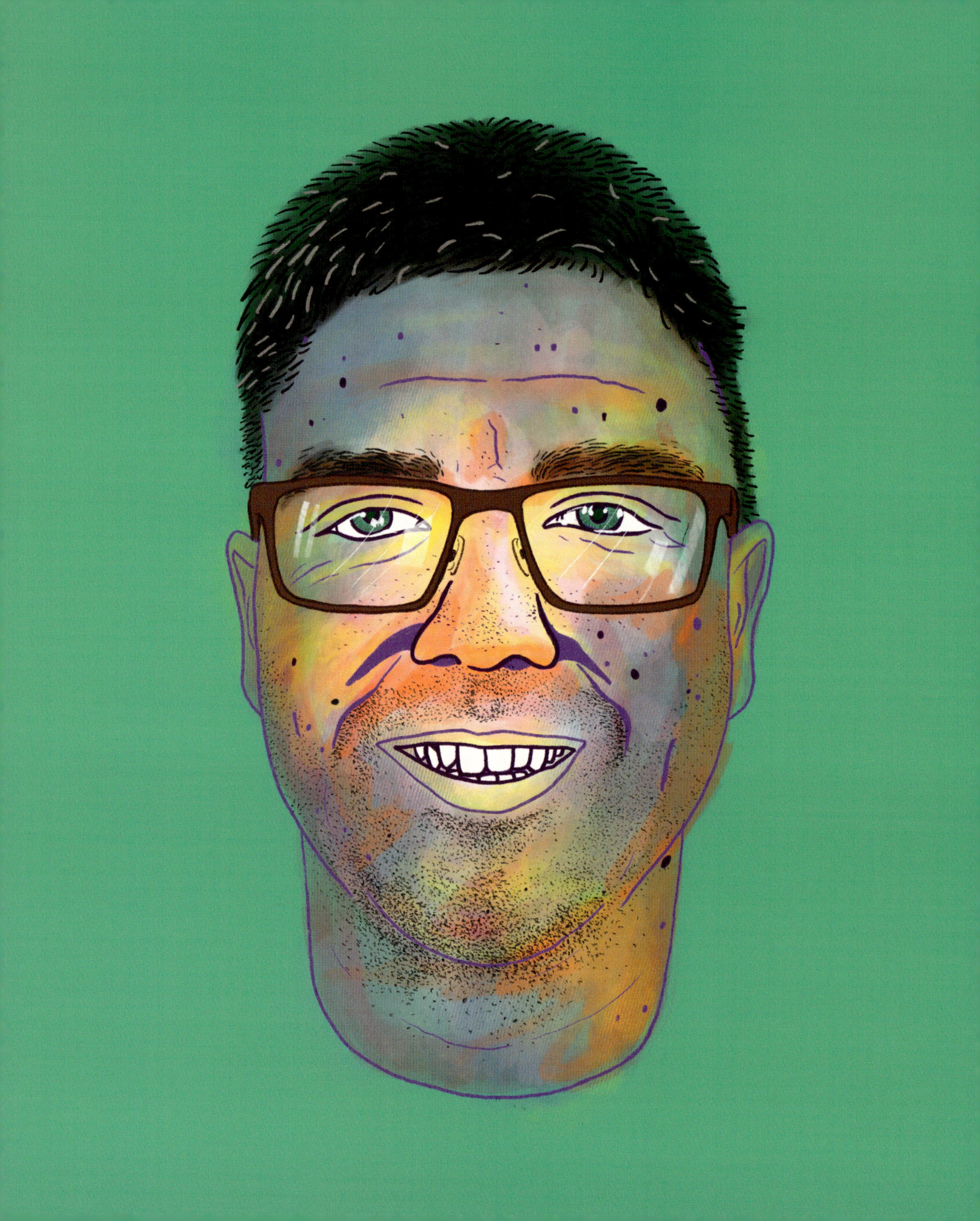

Craig Davies, 41
Publican | Tafarnwr

I've been in the pub game for a long old time, and everyday is a different day. You don't know what or who will walk through the door, but that's the part of the job I enjoy the most. Everyone that does come in, I like to take the time to engage and listen to their story. I do take an interest and I'm slightly nosey, but it's all part of the trade. This has never been a job to me, it's more of a lifestyle. It's early mornings, late nights, most days of the week. It makes it more personal and engaging when the regulars come in and they see who's behind the bar and they know what to expect. Normally a miserable tired old git that I've turned into...I think I've morphed into my dad aha! ...but nevertheless I'm not ready to settle down for the quieter, easy life.

I have my moments when I'm on form and everyone loves the banter they get. I'm also quick witted with the one liners, respectfully putting people in line if needed. I like to think I'm a firm but fair publican. I welcome all walks of life through my door and give everyone a chance - it's up to them how they use it - most are respectful and mix in well, and everyone has a place.

To come up to Newport to run a sporty orientated proper old school boozer - you know, being a Cardiff lad, and gay - ... I thought I may not have been accepted, mainly the 'being from Cardiff' ahaha! ...as we have a bit of rivalry in the sporting world, but I have not had or felt any awkwardness or signs of being unwanted. I have an amazing regular base here and The Red Lion has gone from strength to strength.

...and long may it reign!

Fi 'di bod yn cadw tafarn ers ache, a ma bob dydd yn wahanol. Chi ddim yn gwbod beth neu pwy fydd yn dod drw'r drws, ond 'na'r rhan o'r job fi'n lico fwya. Ma pawb sy'n dod mewn, fi'n lico rhoi amser i siarad a gwrando ar eu stori nhw. 'Y fi yn cymryd diddordeb, a fi tam' bach yn fusneslyd, ond ma fe gyd yn ran o'r gwaith. O'dd hwn byth yn job i fi, ma fe'n fwy o ffordd o fyw. Ma raid ti godi'n gynnar a gweithio tan orie mân, bron bob dydd. Ma fe'n neud e'n fwy personol a diddorol pan ma'r regulars yn dod mewn a'n gweld pwy sy tu ôl y bar a ma nhw'n gwbod beth i ddisgwyl. Fel arfer hen ddyn blin a salw, 'na beth 'y fi 'di troi mewn i... Swnio fel bod fi 'di troi mewn i'n dad i aha! ...ta beth, sai'n barod i setlo lawr am y bywyd tawel.

Weithiau fi wir on form a ma pawb wrth ei bodde 'da'r banter ma nhw'n gael. Fi hefyd yn glou 'da'r one liners, yn rhoi pobl yn eu lle os oes angen, er dim mewn ffordd gas. Licen i feddwl bod fi'n firm but fair fel tafarnwr. Fi'n rhoi croeso i bawb drwy'n ddrws i, pwy bynnag y'n nhw, mae pawb yn cael cyfle – mae fe lan i nhw sut ma nhw'n defnyddio fe – mae'r ran fwyaf yn dangos digon o barch ac yn neud yn iawn 'da pawb, a ma 'na le i bawb.

I ddod lan i Gasnewydd i redeg tafarn, un sporty old school go iawn – timod, o feddwl taw bachgen o Gaerdydd 'y fi, a bod fi'n hoyw – ... o'n i'n meddwl falle fydden i ddim 'di cael 'y nerbyn. Cos bod fi o Gaerdydd fwy na dim ahaha! ... achos bod ni'n dipyn o rivals yn y byd chwaraeon, ond sai 'di teimlo'n awkward o gwbl na 'di gweld dim arwyddion bod 'na ddim croeso i fi. Ma 'da ni griw anhygoel o regulars 'ma a ma'r Red Lion wedi mynd o nerth i nerth.

...a hir y parha!

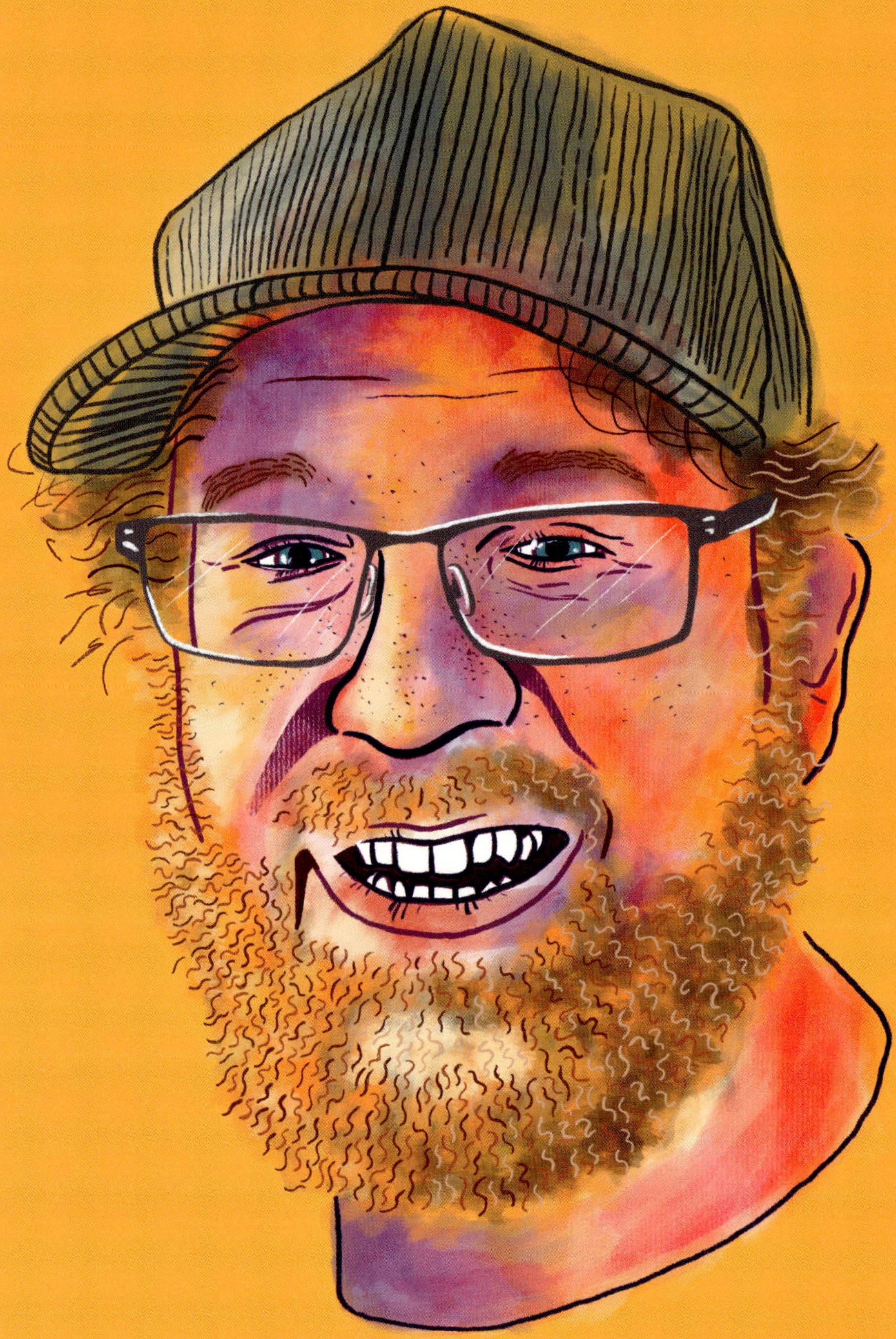

Tom Fowler, 43
Print Professional & Amateur Troublemaker | Gweithiwr Print Proffesiynol a Gweithiwr Protest Amatur

They come at us because we're strong, not because we're completely irrelevant, and like... the one that always cracks me up is when people say "But what has protest ever achieved?" ...well, the fucking weekend man! Like, do you know what I mean? Like, some really basic fucking things that we take for granted. The only rights we've got are the ones we've fought for.

Y'know... society isn't a debating chamber, it's a power struggle, it's not like... getting the right collection of words in the right order. If that were the case then lawyers would run this country... they'd run everything right? It's not about having the right argument. It's about being present and being unwilling to take their shit. You know what I mean? It's about kicking off, and fighting for it!

Ma nhw'n dod amdano ni achos bod ni'n gryf, dim achos bod ni'n hollol irrelevant, a fel... yr un sy wastad yn craco fi lan yw pan ma pobl yn gweud "Ond beth ma protestio byth 'di neud i ni?" ...wel, y fucking penwythnos mêt! Fel, timod be fi'n meddwl? Fel, rhai pethau rili fucking basic ni'n cymryd yn ganiataol. Yr unig hawliau sy 'da ni yw'r rhai ni 'di ymladd amdanyn nhw.

Timod... dim debating chamber yw cymdeithas, power struggle yw e, dyw e ddim fel... cael y geiriau iawn yn y drefn iawn. 'Se hwnna'n wir, 'se cyfreithwyr yn rhedeg y wlad 'ma... 'se nhw'n rhedeg popeth bysen? Dyw e ddim i neud â ffindo'r ddadl iawn. Ma fe i neud â bod yn bresennol, peidio bod yn fodlon cymryd eu shit nhw. Timod be fi'n meddwl? Ma fe am neud ffys, ac ymladd amdano fe!

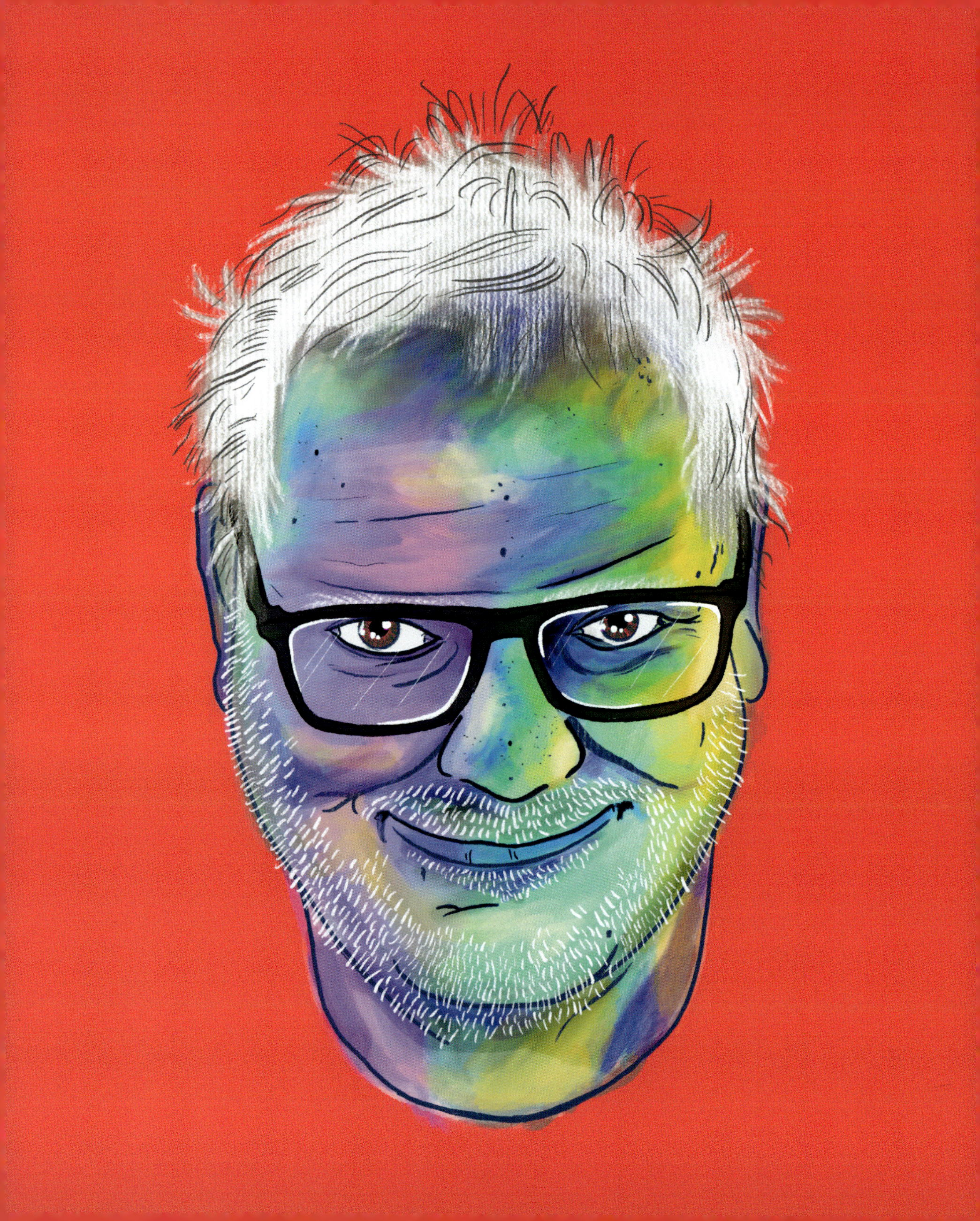

Andrew B, 64
Veteran | Cyn-filwr

I have very fond memories of going on holiday with my family when I was younger. When I got older, I had to cope with losing my mum, and feeling trapped by mental illness. Sometimes society's indifference can make me feel unvalued.

When I moved into my flat, I had to be brave - it was a brand new start. I had nothing at all when I moved in, but I've gradually got all the things I needed as time passed. Over time, I have grown as an independent person.

After all, life is there for the taking, and there's no turning back!

Mae atgofion melys iawn gyda fi o fynd ar wyliau gyda fy nheulu pan o'n i'n ifancach. Ar ôl i fi dyfu'n henach, o'dd rhaid i fi ymdopi gyda colli fy mam, a teimlo mod i 'di nghaethiwo oherwydd salwch meddwl. Weithiau mae difaterwch cymdeithas yn gwneud i fi deimlo mod i ddim yn cael fy ngwerthfawrogi.

Pan symudais i mewn i fy fflat, roedd rhaid i fi fod yn ddewr – roedd yn ddechrau newydd. Doedd gyda fi ddim byd o gwbl pan symudais i mewn, ond dros amser dwi wedi hel popeth sy angen arna i. Dros amser, dwi wedi tyfu i fod yn berson annibynnol.

Wedi'r cyfan, mae bywyd yno i'w fyw, a does yna ddim troi nôl!

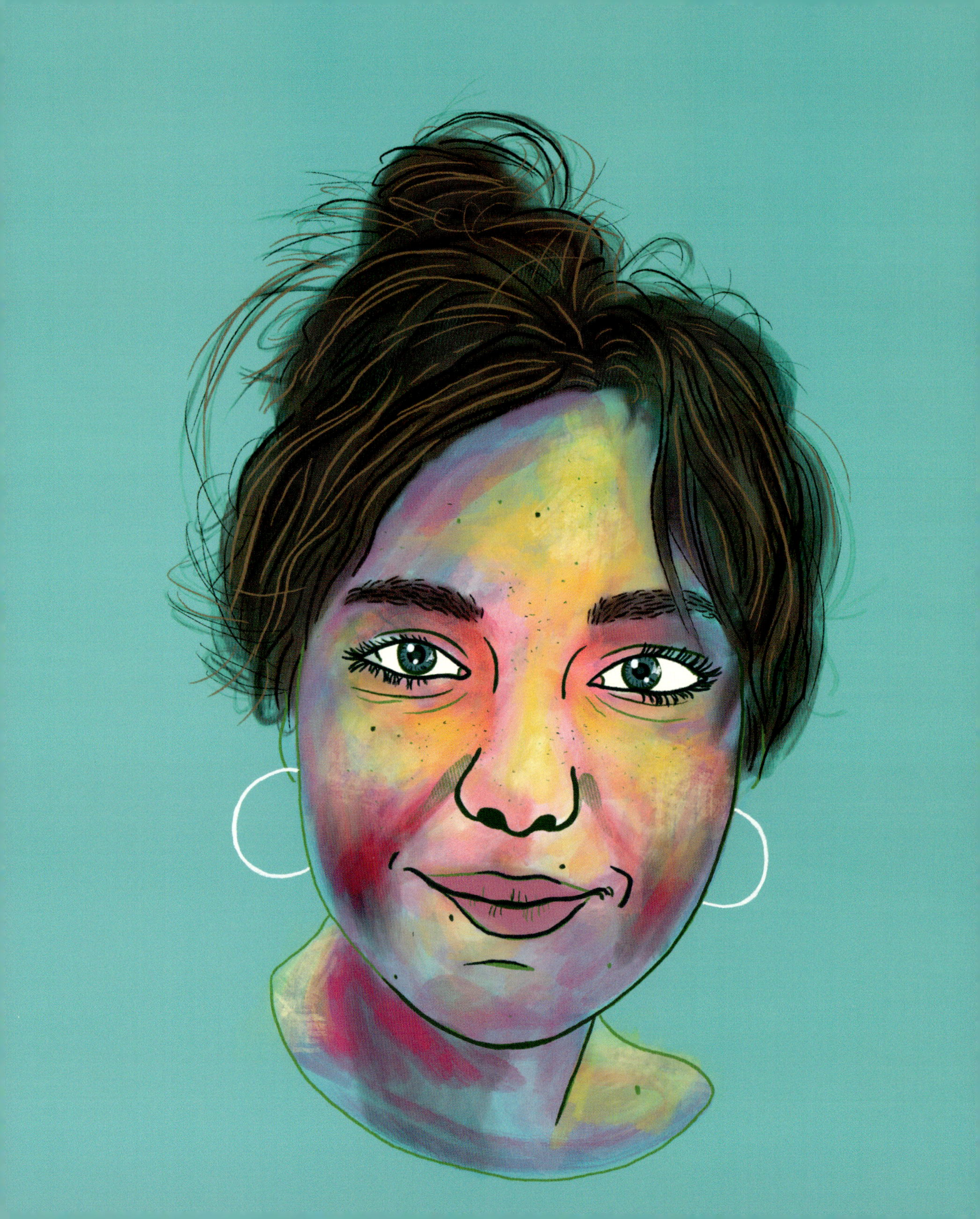

Weronika Szumelda, 29
Production Manager | Rheolwr Cynhyrchu

Let's say, it's the end of February, beginning of March. You have a day off and you're gonna take it easy - just stay at home, read a book, and do some laundry. Then you're gonna air it outside because ...you know the crisp morning? When it's quite chilly, but the sky is blue and the sun still warms up your face? It's breezy-fresh but it's just warm enough to dry your laundry. Then, by the time you come back home from your afternoon walk, everything is completely dry. You fold it, sipping coffee, put it into your basket and bring it all back inside. Then, all of a sudden, your room is filled up with the fresh scent.

So, that's my favourite thing - wind-infused laundry.

Dychmyga, ma hi'n ddiwedd mis Chwefror, dechrau Mawrth. Ma diwrnod bant 'da ti a ti'n bwriadu ymlacio – jest aros gartre, darllen llyfr, a neud bach o'r golch. Wedyn ti am ei sychu fe tu fas achos ...timod, y bore ffresh? Pan mae'n eitha oer, ond mae'r awyr yn las a'r haul yn gynnes ar dy wyneb di? Ma 'na awel ysgafn, ond ma'i jest yn ddigon cynnes i sychu dillad. Wedyn, erbyn i ti ddod nôl o dy dro ganol pnawn, ma popeth yn gwbwl sych. Ti'n ei blygu fe, yn sipian coffi, ti'n ei roi e yn y fasged a dod â popeth nôl mewn. Wedyn, mwya sydyn, ma dy stafell di'n llawn arogl ffresh.

So, 'na'n hoff beth i – dillad glân gyda gwynt y gwynt arnyn nhw.

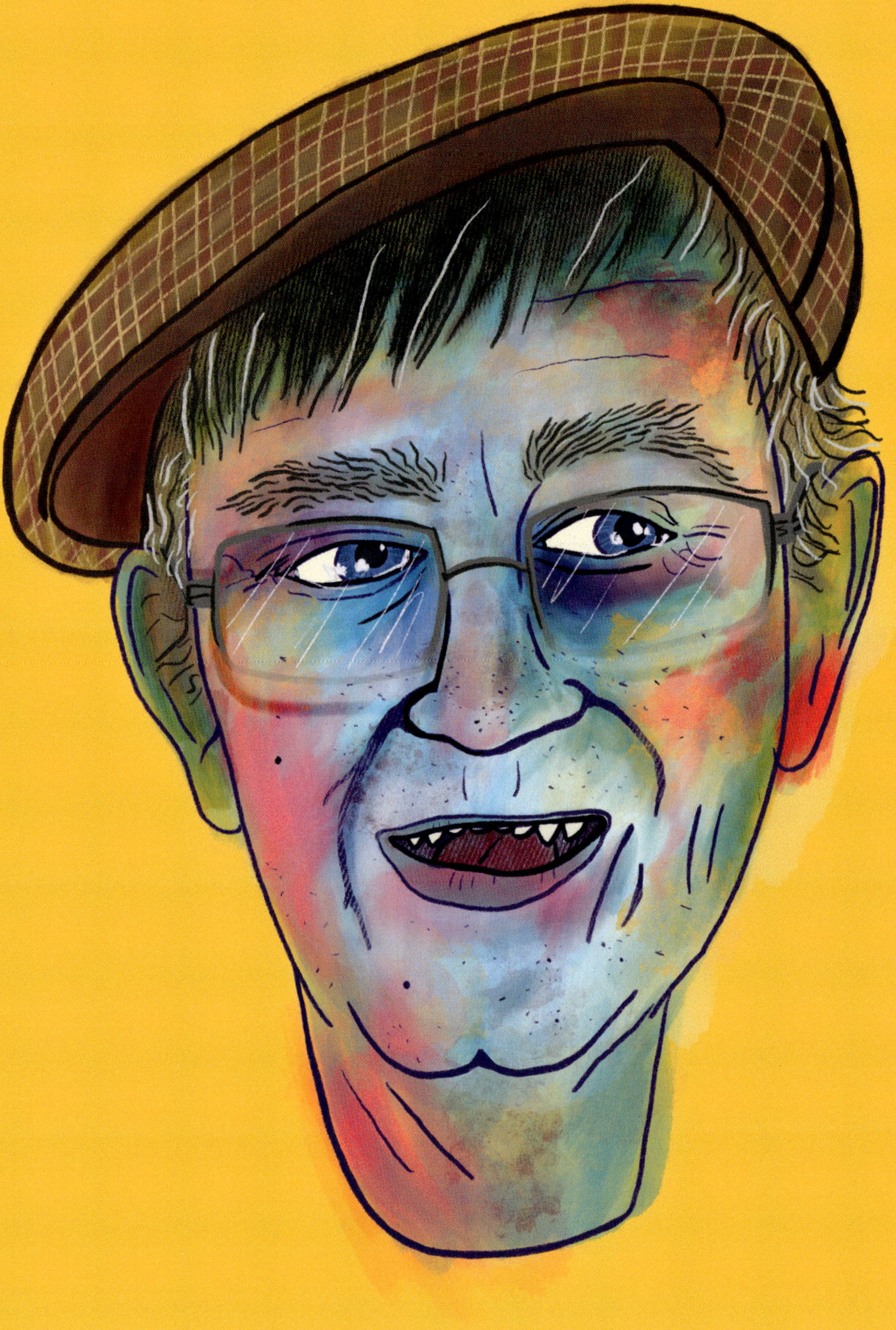

Ian White
Ex-Radio Technician | Cyn-Dechnegydd Radio

Back in the 60s I was a field technician for The Royal Signals. We worked on telecommunications, setting up all kinds of radio communications equipment around the world. And back then we flew a lot - we spent many trips flying in a Hercules. It was a rough enough ride in them at the best of times. Loud. Drafty. Rough. They flew quite low, so they really dug their claws into the turbulence. Anyway, this one time me and the boys were doing a night flight as we moved on to our next post, and we were due to stop off at Ascension Island on the way. The thing is, I've never been a good flyer... but what happened on this occasion made me feel even worse about it. Anyway, everyone settled in and found themselves a spot to catch some sleep. Except for me, wide awake, no chance of sleeping it out. So, to take my mind off things I decided to check in with the pilot. It was a night flight so it was dark flying but all was well. I wasn't in the cockpit with them long before that changed. I suddenly saw the pilot's face drop. I followed his eye line to the hydraulics reading. It just plummeted. Before we knew it, the plane had lost all hydraulic fluid. And to think I went in there to take my mind off things... Next thing I know I'm being sent out of the cockpit. The copilot thrusts this long metal crank into my hands, and I asked "what's this for?". He said "we have no hydraulic fluid, the flaps aren't going to move themselves... YOU are going to be our fluid. Emergency procedure." That was that then. So I got into position, and the pilot relayed instructions back to me and the co-pilot. We cranked as needed. The manual system required so much cranking... But eventually we managed to get her to where she needed to be and we landed safely. The thing is, the boys... they slept through the whole ordeal. They woke up not long after we landed. As we got off, the sun was rising. They all took one look at me and said "what on earth is wrong with you Ian boyo?"

Wide eyed and white as a sheet I said, "you have no idea".

Nôl yn y 60au o'n i'n field technician i'r Royal Signals. O'n ni'n gweithio ar telecommunications, yn seto lan pob math o gyfarpar radio communications dros y byd. A bryd 'ny o'n ni'n hedfan lot – naethon ni lot o trips yn hedfan mewn Hercules. O't ti'n cael dipyn o ysgytwad ynddyn nhw ar y gorau. Swnllyd. Drafft mawr. Rough. O'n nhw'n hedfan yn eitha isel, so o'n nhw wir yn mynd strêt mewn i'r turbulence. Ta beth, yr un tro 'ma o'n i a'r bois yn neud night flight wrth i ni symud mlaen i'n posting nesaf ni, ac o'n ni fod i stopo off yn Ascension Island ar y ffordd. Y peth yw, sai byth 'di bod yn dda iawn mewn awyren... ond nath beth ddigwyddodd yr un tro 'ma neud i fi deimlo hyd yn oed yn waeth ambytu fe. Ta beth, nath pawb setlo mewn a ffindo lle bach i'w hunan gael bach o gwsg. Heblaw amdano fi, gwbwl effro, dim gobaith bydden i'n cysgu drwyddo fe. So i gael 'yn feddwl i oddi arno fe, penderfynes i checo mewn gyda'r peilot. Night flight o'dd e so o'n ni'n hedfan yn y tywyllwch ond o'dd popeth yn iawn. O'n i ddim yn y cockpit 'da nhw'n hir cyn i hwnna newid. Yn sydyn gweles i wyneb y peilot yn mynd yn wyn. Edryches i ar ble o'dd e'n syllu, a reading yr hydraulics. O'dd e 'di neud nose dive. Cyn o'n ni'n gwybod dim, o'dd yr awyren wedi colli'r holl hydraulic fluid. Ac i feddwl bod fi 'di mynd mewn 'na i gymryd 'yn feddwl i oddi ar bethau... Peth nesa fi'n gwybod, fi'n cael 'yn anfon mas o'r cockpit. Mae'r co-pilot yn gwthio'r cranc metel hir 'ma i'n ddwylo i, a fi'n gofyn "beth yw hwn?" Ma fe'n gweud "ni di colli'r holl hydrolic fluid, dyw'r fflaps ddim yn mynd i symud eu hunain... Ti'n mynd i fod 'yn fluid ni. Emergency procedure." 'Na ni 'te. So ces i'n hun i position, ac anfonodd y peilot instructions nôl i ni a'r co-pilot. Naethon ni dynnu'r cranc fel o'dd angen. O'dd angen cymaint o cranco ar y system manual. Ond yn y diwedd fe naethon ni lwyddo i gael hi ble o'dd hi angen bod a naethon ni lanio'n saff. Y peth yw, y bois... cysgon nhw drwy'r holl ordeal. Naethon nhw ddeffro ddim yn hir ar ôl i ni lanio. Pan o'n i'n dod off, o'dd yr haul yn gwenu. Cymron nhw un golwg arno fi a gweud "beth ar wyneb y ddaear sy'n bod 'da ti Ian boio?"

Llyged fel soseri a'n wyn fel y galchen, wedes i, "sdim syniad 'da chi"

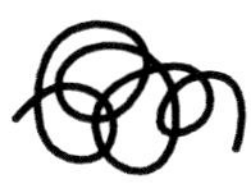